München
1. Auflage 2007
ISBN 978-3-89883-169-7

Grafische Gestaltung	Barbara Markwitz
Fotografie	Susie Eising (andere Fotos siehe Bildnachweis)
Rezeptbearbeitung	Monika Reiter
Redaktion	Eva-Maria Hege, Alexandra Schlinz, Martina Solter, Kathrin Ullerich
Herstellung	Karin Mayer, Peter Karg-Cordes
Lithografie	Christine Rühmer
Druck & Bindung	Mohn Media Mohndruck GmbH, Gütersloh

In Zusammenarbeit mit Radio Bayern 3

Besuchen Sie uns auch im Internet unter www.zsverlag.de

Alfons
Schuhbeck

Gesund genießen – raffiniert gewürzt

Meine leichte Wohlfühlküche

ZABERT
SANDMANN

INHALT

VORWORT

In den vergangenen Jahren sind (nicht nur) die Bayern-3-Hörer immer ernährungsbewusster geworden. Ein Trend, den ich sehr begrüße – denn er entspricht voll und ganz meinem größten Anliegen: Nämlich zu zeigen, dass sich Genuss und bewusste Ernährung ganz leicht unter einen Hut bringen lassen. Keine Angst, dieses Thema ist keine Wissenschaft für sich – es gibt lediglich ein paar Regeln, die man beachten, und nützliche Tipps, die man beherzigen sollte.

Im Mittelpunkt einer bewussten/gesunden Ernährung stehen natürlich Obst und Gemüse, die man möglichst frisch und je nach Saison auch regional einkaufen sollte. Sie liefern den idealen Mix an all den Vitalstoffen, die unseren Körper besonders stärken. Auch Fisch – der in unseren Küchen leider noch immer viel zu sehr vernachlässigt wird – hat einen festen Stammplatz auf dem Speiseplan verdient: Er ist der beste Lieferant für die lebensnotwendigen Omega-3-Fettsäuren und zudem eine hervorragende Jodquelle. Natürlich dürfen Sie auch Fleisch regelmäßig auf den Tisch bringen: Nur sollte es möglichst mager sein – und vor allem muss die Qualität stimmen!

Wenn es um gesunden Genuss geht, liegt mein Hauptaugenmerk seit Langem auf Kräutern und Gewürzen: Sie geben Gerichten nicht nur den letzten Pfiff, sondern leisten mit ihren wertvollen Inhaltsstoffen auch einen wichtigen Beitrag für Gesundheit und Wohlbefinden. Zu Recht sind viele Kräuter und Gewürze seit Jahrhunderten bewährte Heilmittel!

In diesem Buch möchte ich Ihnen nicht nur neue Rezepte vorstellen, die das Beste aus meiner Wohlfühlküche bieten, sondern Ihnen auch wichtige Informationen zu ausgewählten Zutaten liefern. So wissen Sie immer, warum Sie sich mit einem raffiniert gewürzten Gericht auch etwas Gutes tun: Ob es die Nerven stärkt, das Gehirn zum Joggen bringt, das Immunsystem ankurbelt oder dafür sorgt, dass im Körper »Glücksstoffe« ausgeschüttet werden. Das sind gesunder Genuss und Wohlfühlküche par excellence. Und nicht umsonst heißt es im Volksmund: Du bist, was du isst.

Viel Spaß in der Küche!

Ihr Alfons Schuhbeck

Jeden Freitagvormittag (10 bis 10.30 Uhr) auf Sendung:
Katja Wunderlich, Axel Robert Müller und Alfons Schuhbeck

VORSPEISEN

Ob als vielversprechender Start eines Drei-Gänge-Menüs, als Snack für zwischendurch oder leichtes Mittag- oder Abendessen: Vorspeisen sind vielseitiger, als man denkt. Sie erfreuen Gaumen und Augen gleichermaßen und fordern die Kreativität des Kochs immer wieder aufs Neue heraus.

Avocado-Salsa

mit Zimt, Knoblauch und Vanille

Zutaten für 4 Personen:

1 Schalotte

1 kleine Knoblauchzehe

Salz

2 reife Avocados (ca. 500 g)

1–2 EL Zitronensaft

1 EL mildes Olivenöl

1 Msp. geriebener Ingwer

Vanillesalz (aus dem Gewürzladen)

Zimtpulver

Cayennepfeffer

1 Die Schalotte und den Knoblauch schälen. Die Schalotte in feine Würfel schneiden, den Knoblauch grob zerkleinern, mit etwas Salz bestreuen und mit der Messerklinge zerreiben.

2 Die Avocados halbieren und die Kerne entfernen. Die Avocadohälften schälen, das Fruchtfleisch in kleine Würfel schneiden und in eine Schüssel geben. Sofort mit dem Zitronensaft beträufeln und gut vermischen.

3 Dann das Olivenöl, die Schalottenwürfel, den zerriebenen Knoblauch und den Ingwer hinzufügen. Die Avocado-Salsa mit je 1 Prise Vanillesalz, Zimt und Cayennepfeffer würzen.

Hätten Sie's gewusst? Die **AVOCADO** ist nicht etwa eine Gemüsesorte, sondern wird zum Obst gezählt. Die aus Südamerika stammende Frucht schlägt allerdings gewaltig aus der Art, denn Obst enthält eigentlich kein (oder nur Spuren von) Fett. Ganz anders die Avocado – und genau das macht sie so wertvoll. Gesunde, herzfreundliche Fettsäuren in Kombination mit fettlöslichen Vitaminen sind ihr großes Plus. Außerdem enthält die Avocado Bitterstoffe, die bei Nervosität und Stress helfen und für erholsamen Schlaf sorgen.

Tipp

Die Avocado-Salsa ist sehr vielseitig verwendbar, sie passt z. B. zu Tortilla-Chips, zu gegrilltem Fleisch und Geflügel und schmeckt auch als Brotaufstrich.

Gebackene Zucchinipackerl

mit Frischkäse und getrockneten Tomaten

Zutaten für 4 Personen:

2 mittelgroße Zucchini · Salz

60 g eingelegte getrocknete Tomaten

50 g Haselnüsse

40 g schwarze Oliven (entsteint)

½ Knoblauchzehe

300 g Frischkäse

2 Eigelb

Pfeffer aus der Mühle

Cayennepfeffer

getrocknetes Bohnenkraut

gemahlener Koriander

1 EL Kräuterblätter (frisch geschnitten; z.B. Thymian oder Basilikum)

80 g doppelgriffiges Mehl

80 g Weißbrotbrösel

2 Eier

frisch geriebene Muskatnuss

Öl zum Frittieren

1 Die Zucchini putzen, waschen, jeweils auf etwa 18 cm kürzen und längs in 32 dünne Scheiben schneiden oder hobeln. Die Zucchinischeiben in kochendem Salzwasser 1 Minute blanchieren. In ein Sieb abgießen, kalt abschrecken und auf Küchenpapier abtropfen lassen.

2 Für die Füllung die Tomaten abtropfen lassen und klein schneiden. Die Haselnüsse hacken, in einer beschichteten Pfanne ohne Fett hell rösten und abkühlen lassen. Die Oliven klein schneiden. Den Knoblauch schälen und fein hacken. Den Frischkäse mit Eigelben, getrockneten Tomaten, Nüssen, Oliven und Knoblauch in einer Schüssel verrühren. Die Masse mit Salz, Pfeffer und jeweils 1 Prise Cayennepfeffer, Bohnenkraut und Koriander würzen. Dann die Kräuter unterrühren.

3 Je 2 Zucchinischeiben leicht überlappend nebeneinanderlegen und je 2 Scheiben leicht überlappend quer darauflegen. In die Mitte jeweils etwas Frischkäsemasse geben und die Zucchinischeiben darüber zu Päckchen verschließen.

4 Für die Panade das Mehl und die Weißbrotbrösel jeweils in tiefe Teller geben, 1 Prise Bohnenkraut unter die Brösel mischen. Die Eier in einem tiefen Teller verquirlen und mit 1 Prise Cayennepfeffer und etwas Muskatnuss würzen. Die Zucchinipackerl vorsichtig zuerst im Mehl wenden, dann durch die Eier ziehen und zuletzt mit den Weißbrotbröseln panieren.

5 In einer Pfanne reichlich Öl erhitzen und die Zucchinipackerl darin bei mittlerer Hitze auf beiden Seiten goldbraun ausbacken. Dazu passt ein frischer grüner Salat.

Schon in der Antike waren die positiven Eigenschaften von **OLIVEN** bekannt. Die Steinfrüchte des Ölbaums sind sehr fettreich und enthalten viel Ölsäure, eine einfach ungesättigte Fettsäure, die regulierend auf den Cholesterinspiegel wirkt und das Immunsystem anregt. Wegen des hohen Ölgehalts helfen Oliven auch gegen Verstopfung. Grüne und schwarze Oliven sind übrigens keine unterschiedlichen Sorten, sondern verschiedene Reifestadien der Früchte bei der Ernte. Da Oliven wegen ihrer Bitterstoffe roh ungenießbar sind, werden sie vor dem Verzehr in Salzlake eingelegt.

HASELNÜSSE strotzen nur so vor Nährstoffen! Sie haben einen relativ hohen Fettgehalt, der vor allem aus hochwertigen ungesättigten Fettsäuren zusammengesetzt ist, und beugen somit Herz-Kreislauf-Erkrankungen vor. Außerdem enthalten sie viel Kalium und Vitamine der B-Gruppe und wirken positiv auf Nervensystem und Gehirn.

Erbsencurry

mit Spargel und Shiitake-Pilzen

Zutaten für 4 Personen:

350 g Blattspinat

2 rote Spitzpaprika

300 g grüner Spargel

1 Bund Frühlingszwiebeln

je 1 rote und grüne Chilischote

120 g Shiitake-Pilze

2–3 TL Öl

300 g Tiefkühl-Erbsen (blanchiert)

1 Knoblauchzehe (in Scheiben)

2 Scheiben Ingwer

Salz · Pfeffer aus der Mühle

400 ml Gemüsebrühe

200 ml Kokosmilch

1–2 EL mildes Currypulver

1 EL Speisestärke

1 Den Spinat verlesen, gründlich waschen und abtropfen lassen, grobe Stiele entfernen. Die Paprika längs halbieren, entkernen, waschen und in 2 bis 2 1/2 cm große Stücke schneiden. Den Spargel waschen und nur im unteren Drittel schälen, die holzigen Enden abschneiden. Die Spargelstangen schräg in 2 1/2 cm lange Stücke schneiden. Die Frühlingszwiebeln putzen, waschen und schräg in 2 cm lange Stücke schneiden. Die Chilischoten längs halbieren, entkernen, waschen und in feine Streifen schneiden.

2 Die Shiitake-Pilze putzen, trocken abreiben und klein schneiden. In einer großen tiefen Pfanne 1 TL Öl erhitzen, die Pilze darin etwa 2 Minuten anbraten und herausnehmen. Das restliche Öl in der Pfanne erhitzen, Erbsen, Paprika, Spargel, Frühlingszwiebeln, Chilischoten, Knoblauch und Ingwer darin unter Rühren einige Minuten anbraten. Das Gemüse leicht mit Salz und Pfeffer würzen und ebenfalls aus der Pfanne nehmen.

3 Die Brühe und die Kokosmilch in die Pfanne gießen, den Curry unterrühren und alles einmal aufkochen lassen. Die Stärke mit wenig kaltem Wasser glatt rühren, die Sauce damit binden und 2 Minuten leicht köcheln lassen.

4 Das Gemüse mit den Pilzen und dem Spinat hinzufügen, kurz erhitzen und das Curry mit Salz würzen. Nach Belieben vor dem Servieren mit Korianderblättern bestreuen.

Die asiatischen **SHIITAKE-PILZE** sind mittlerweile bei uns so beliebt, dass sie auch hierzulande in immer größeren Mengen gezüchtet werden. Viele schätzen den aromatischen Geschmack der Pilze, aber nur die wenigsten wissen, welch Universalheilmittel sie auf dem Teller haben. Die Traditionelle Chinesische Medizin schwört seit Jahrhunderten auf Shiitake-Pilze: Sie stärken das Immunsystem, wirken gegen Erschöpfung und Erkältung und sollen den Alterungsprozess verlangsamen. Dank des Vitamins Niacin senken sie außerdem den Cholesterinspiegel und verringern damit das Risiko für Bluthochdruck und Diabetes. Der einzige Wermutstropfen: Diese gesundheitlichen Pluspunkte kann man nur mit frischen Pilzen sammeln – beim Trocknen bleibt zwar der Geschmack erhalten, die wertvollen Inhaltsstoffe gehen jedoch verloren.

Gebackene pochierte Eier

auf Bärlauch-Rahm-Spinat

Zutaten für 4 Personen:

Für die Eier:

5 Eier (möglichst frisch)

ca. 80 ml Weißweinessig

Salz · Pfeffer aus der Mühle

50 g Mehl

50 g Weißbrotbrösel

Öl zum Braten

Für den Spinat:

2 mittelgroße mehlig kochende Kartoffeln (ca. 160 g)

Salz

500 g Blattspinat

300 g Bärlauch

250 g Sahne

2 EL Butter

2 EL braune Butter (siehe Tipp S. 85)

frisch geriebene Muskatnuss

Cayennepfeffer

1 Vier Eier, wie im Rezept auf S. 16 beschrieben, im Essig pochieren. Das restliche Ei in einem tiefen Teller verquirlen und mit Salz und Pfeffer kräftig würzen. Das Mehl und die Weißbrotbrösel jeweils in tiefe Teller geben. Die pochierten Eier vorsichtig zuerst im Mehl wenden, dann durch das Ei ziehen und zuletzt mit den Weißbrotbröseln panieren.

2 In eine Pfanne etwa 1 cm hoch Öl gießen und die Eier darin bei mittlerer Hitze rundum goldbraun braten. Dann aus der Pfanne nehmen, auf Küchenpapier abtropfen lassen und warm halten.

3 Für den Spinat die Kartoffeln schälen, waschen und in 1/2 cm große Würfel schneiden. In kochendem Salzwasser etwa 10 Minuten weich kochen und in ein Sieb abgießen.

4 Spinat und Bärlauch verlesen, gründlich waschen und abtropfen lassen, grobe Stiele entfernen. Beides in kochendem Salzwasser etwa 3 Minuten blanchieren. In ein Sieb abgießen, kalt abschrecken, abtropfen lassen und mit den Händen gut ausdrücken. Die Spinat- und Bärlauchblätter grob zerkleinern.

5 Die Sahne in einem kleinen Topf erwärmen und mit Kartoffeln, Spinat, Bärlauch und Butter im Küchenmixer pürieren. Den Bärlauch-Rahm-Spinat in einen Topf füllen und bei milder Hitze erwärmen. Die braune Butter unterrühren und den Rahmspinat mit Salz und je 1 Prise Muskatnuss und Cayennepfeffer abschmecken. Die gebackenen pochierten Eier mit dem Spinat anrichten.

Auch wenn es eine andere Form hat – das **EI** ist eine wirklich runde Sache. Seine Eiweißzusammensetzung ist für unseren Körper optimal, denn es enthält alle Bausteine (Aminosäuren), die der Organismus benötigt. Vor allem »Kopfarbeiter« sollten öfter Eier essen: Die enthaltene Aminosäure Phenylalanin sorgt dafür, dass man sich auch in Stresssituationen gut konzentrieren kann. Und Lezithin bringt die grauen Zellen zusätzlich auf Touren.

CAYENNEPFEFFER, das wohl bekannteste Chilipulver, wird aus kleinen, reifen Chilischoten gemahlen und ist extrem scharf. Für diese Schärfe ist Capsaicin verantwortlich, ein Polyphenol, das verdauungsfördernd wirkt und schädliche Bakterien in Magen und Darm zerstört.

Gebratene Eier

im Schinken-Brot-Mantel mit Spargelgemüse

Zutaten für 4 Personen:

Für den Spargel:

je 300 g weißer und grüner Spargel

1–2 TL Puderzucker

70 ml Gemüsebrühe

1–2 EL Butter

1 EL Petersilienblätter (frisch geschnitten)

Salz · Pfeffer aus der Mühle

Für die Eier:

ca. 80 ml Weißweinessig

4 Eier (möglichst frisch)

Salz · Pfeffer aus der Mühle

4 hauchdünne Scheiben Rohschinken

4 hauchdünne Scheiben Schwarzbrot (ca. 6 x 18 cm)

2 EL Öl

1 Den weißen Spargel schälen und die holzigen Enden abschneiden. Den grünen Spargel waschen, nur im unteren Drittel schälen und ebenfalls die holzigen Enden abschneiden. Die Spargelstangen schräg in etwa 1/2 cm dicke Stücke schneiden.

2 Den Puderzucker in einer Pfanne bei mittlerer Hitze farblos karamellisieren und den Spargel darin kurz andünsten. Mit der Brühe ablöschen und den Spargel 6 bis 8 Minuten bei milder Hitze bissfest garen. Die Butter und die Petersilie dazugeben und das Spargelgemüse mit Salz und Pfeffer würzen.

3 Für die Eier in einem breiten Topf Wasser aufkochen und 1 Schuss Essig hinzufügen. In 4 kleine Schälchen je 1 EL Essig geben und jeweils 1 rohes Ei vorsichtig hineinschlagen, sodass das Eigelb nicht verletzt wird.

4 Das siedende Wasser vom Herd nehmen, mit einem Kochlöffel kreisförmig in eine Richtung rühren, bis es sich dreht. Die Eier nacheinander aus den Schälchen in das sich drehende Wasser gleiten lassen (das Eiweiß wickelt sich dabei um das Eigelb) und 4 bis 5 Minuten pochieren. Die Eier mit dem Schaumlöffel herausnehmen, kurz abtropfen lassen und mit Salz und Pfeffer würzen.

5 Die pochierten Eier jeweils zunächst in 1 Schinken- und dann 1 Brotscheibe wickeln. Das Öl in einer Pfanne erhitzen und die Eier darin bei milder Hitze rundum langsam knusprig braten. Die Eier im Schinken-Brot-Mantel mit dem Spargelgemüse auf vorgewärmten Tellern anrichten.

Bei **SPARGEL** dürfen Sie so richtig schlemmen, denn das Edelgemüse ist selbst in größeren Mengen noch figurfreundlich, bei gerade einmal 18 kcal pro 100 g. Für die Gesundheit haben die schlanken Stangen ebenfalls eine große Bedeutung, denn sie stecken voller Vitalstoffe, die den Stoffwechsel und die Immunabwehr auf Vordermann bringen, Nieren und Nerven stärken und das Herz entlasten. Und weil Spargel entschlackend wirkt, eignet er sich bestens für einen »Frühjahrsputz« für den Körper.

Zu Unrecht wird die gern zum Garnieren verwendete **PETERSILIE** oft unbeachtet an den Tellerrand geschoben. Denn das zur Familie der Doldenblütler gehörende Kraut liefert eine Extraportion Vitamin C und bietet somit einen optimalen Schutz vor Erkältungen. Außerdem ist Petersilie ein hervorragender Radikalfänger und unterstützt die Leber bei ihrer Entgiftungsarbeit. Dazu trägt das in der Petersilie enthaltene Spurenelement Mangan bei, das die für die Entgiftung zuständigen Enzyme benötigen.

Grüner Spargel

mit Thunfisch und Eiermarinade

Zutaten für 4 Personen:

Für den Spargel und den Fisch:

20 Stangen grüner Spargel

Salz

1 EL Zucker

4 große dünne Scheiben roher Thunfisch (Sushi-Qualität)

Pfeffer aus der Mühle

1–2 EL mildes Olivenöl

1 TL Zitronensaft

1 EL Schnittlauchröllchen

Für die Marinade:

3 hart gekochte Eier

80 ml Gemüsebrühe

½ TL scharfer Senf

1–2 EL Rotweinessig

3 EL mildes Olivenöl

Salz · Pfeffer aus der Mühle

Zucker

1 Den Spargel waschen und nur im unteren Drittel schälen, die holzigen Enden abschneiden. In einem großen breiten Topf 2 l Wasser zum Kochen bringen, 1 bis 2 EL Salz und den Zucker hinzufügen. Die Spargelstangen darin je nach Dicke 6 bis 8 Minuten garen. Den Spargel herausnehmen, kalt abschrecken und abtropfen lassen.

2 Für die Marinade die Eier pellen, halbieren, Eiweiße und Eigelbe trennen und jeweils klein hacken. Die Brühe in einer kleinen Schüssel mit dem Senf, dem Essig und dem Olivenöl mit dem Schneebesen verrühren. Die Marinade mit Salz, Pfeffer und 1 Prise Zucker würzen und die gehackten Eier unterrühren.

3 Die Thunfischscheiben auf beiden Seiten mit Salz und Pfeffer würzen und mit Olivenöl und Zitronensaft beträufeln. Je 5 Spargelstangen auf einen großen Teller legen, mit der Eiermarinade beträufeln und mit den Schnittlauchröllchen bestreuen. Die Thunfischscheiben danebenlegen und nach Belieben mit kleinen marinierten Salatblättern garnieren.

THUNFISCH ist nicht nur reich an gesunden Omega-3-Fettsäuren, er enthält auch eine ordentliche Portion Eiweiß, Jod, Zink und Zellschutzvitamine. Diese besondere Mischung stärkt das Herz, verhindert, dass sich zu viel Fett auf den Hüften ansammelt, und ist zusätzlich ein wichtiges »Aufbaupräparat« für unsere Muskeln. Dies gilt übrigens auch für Thunfisch aus der Dose!

Wie ein Auto Motoröl benötigt, so braucht unser Körper bestimmte Schmierstoffe – die sogenannten Fettsäuren –, um optimal zu funktionieren. Speiseöle versorgen den Körper mit diesen wichtigen Säuren. Zu den beliebtesten und hochwertigsten Vertretern zählt das **OLIVENÖL**. Sein hoher Gehalt an einfach und mehrfach ungesättigten Fettsäuren schützt vor Herz-Kreislauf-Erkrankungen und hilft, den Cholesterinspiegel zu senken. Idealerweise sollte man kalt gepresstes, nicht raffiniertes Olivenöl verwenden.

Tipp

Der Thunfisch sollte erst unmittelbar vor dem Servieren mariniert werden. So behält er seine leuchtend rote Farbe und seinen unvergleichlichen Geschmack.

Frittierte Garnelen

in gewürztem Tempurateig

Zutaten für 4 Personen:

Für den Teig:

2 Zweige Thymian

je 1 TL Koriander- und schwarze Pfefferkörner

1 TL Fenchelsamen

je ½ TL Kardamomsamen und zerbröselte Zimtrinde

125 g Mehl

1 TL gemahlene Kurkuma

75 ml eiskalter Weißwein

1 EL Olivenöl

Salz

Für die Garnelen:

500 g Riesengarnelen

Salz

Öl zum Frittieren

1 Für den Teig den Thymian waschen, trocken schütteln, die Blätter abzupfen und fein hacken. Koriander- und Pfefferkörner, Fenchel- und Kardamomsamen sowie den Zimt in eine Gewürzmühle füllen.

2 Das Mehl in einer Schüssel mit der Kurkuma mischen. 120 ml eiskaltes Wasser, den Wein und das Olivenöl dazugeben und alles mit den Quirlen des Handrührgeräts zu einem glatten Teig verrühren. Den Tempurateig mit reichlich Gewürzen aus der Mühle und Salz abschmecken und den Thymian unterrühren.

3 Die Garnelen schälen, am Rücken entlang einschneiden und den dunklen Darm entfernen. Die Garnelen waschen, trocken tupfen und leicht mit Salz würzen.

4 Das Öl in der Fritteuse oder in einem Topf auf 175 °C erhitzen. Die Garnelen durch den Tempurateig ziehen und schwimmend im Öl etwa 2 Minuten knusprig ausbacken. Auf Küchenpapier abtropfen lassen, mit Salz bestreuen und noch etwas von den restlichen Gewürzen aus der Mühle darübermahlen. Nach Belieben mit Salat servieren.

Tipp

Der Tempurateig eignet sich auch bestens zum Ausbacken von Zucchini- und Auberginenscheiben. Blanchiertes Gemüse wie Staudensellerie, Karotten oder Spargel lässt sich ebenfalls in dieser würzigen Teighülle gut frittieren.

FENCHELSAMEN (oder Fenchelfrüchte) sind ein Küchengewürz mit langer Tradition: Schon die Römer verwendeten es zum Würzen vieler Speisen, vor allem von Brot. Die Samen enthalten das ätherische Öl Anethol (das auch in Anis enthalten ist, daher der Name), Flavonoide und Sterole, die krampflösend, entzündungshemmend und harntreibend wirken. Anethol wirkt keimtötend und schleimlösend (gut für die Atemwege) und unterstützt die Magen- und Darmtätigkeit.

Da lacht das Genießerherz, denn mit edlen **GARNELEN** kann man auch viel für die Gesundheit tun. Die kalorienarmen Krustentiere sind reich an hochwertigem tierischem Eiweiß und enthalten das Mangel-Spurenelement Jod. Sie haben einen hohen Anteil an Omega-3-Fettsäuren, von denen vor allem das Herz-Kreislauf-System profitiert. Zudem sorgen Garnelen mit antioxidativ wirkenden Inhaltsstoffen wie Vitamin E, Niacin, Selen und Zink für eine optimale Immunabwehr.

Gebeizter Lachs

mit Thaigewürzen und Limettendip

Zutaten für 4 Personen:

Für den Fisch:

1 Bund Koriander

1 EL schwarze Pfefferkörner

2 rote Chilischoten

2 Stangen Zitronengras

40 g Ingwer · Salz

Zesten von ½ unbehandelten Orange

Zesten von 4 unbehandelten Limetten

1 EL Zucker · 2 EL Olivenöl

800 g Lachsfilet (mit Haut)

Für den Dip:

4 Frühlingszwiebeln

70 g Crème fraîche

70 g saure Sahne

1 TL scharfer Senf

Saft von ½ Limette

½ TL abgeriebene unbehandelte Limettenschale

Salz

½–1 TL Blütenhonig

Cayennepfeffer

1 Für den Fisch den Koriander waschen, trocken schütteln und samt Stielen grob hacken. Den Pfeffer im Mörser grob zerstoßen. Die Chilischoten längs halbieren, entkernen, waschen und quer in feine Streifen schneiden.

2 Vom Zitronengras die äußeren Blätter und die obere, trockene Hälfte entfernen. Die untere Hälfte in dünne Scheiben schneiden. Den Ingwer schälen und in kleine Würfel schneiden. Den Koriander mit Pfeffer, Chili, Zitronengras, Ingwer, 2 EL Salz, den Orangen- und Limettenzesten, Zucker und dem Olivenöl vermischen.

3 Das Lachsfilet waschen, trocken tupfen und mit der Hautseite nach unten in eine entsprechend große Form legen. Die Beize großzügig auf dem Lachsfilet verteilen, mit Frischhaltefolie zudecken und im Kühlschrank 2 Tage ziehen lassen. Danach das Lachsfilet wenden und nochmals 1 Tag ziehen lassen. Anschließend die Beize entfernen und den Lachs trocken tupfen.

4 Für den Dip die Frühlingszwiebeln putzen, waschen und in feine Ringe schneiden. Crème fraîche mit saurer Sahne, Senf, Limettensaft und -schale verrühren, die Frühlingszwiebeln dazugeben und den Dip mit Salz, Honig und 1 Prise Cayennepfeffer würzen.

5 Zum Servieren den gebeizten Lachs in dünne Scheiben schneiden und mit dem Dip auf Tellern anrichten.

LACHS ist eine echte Nährstoffbombe, sofern es sich um Wild- oder Biolachs handelt. Das rosafarbene Fischfleisch enthält reichlich Eiweiß und Fett. Letzteres besteht zu einem großen Teil aus den gesunden Omega-3-Fettsäuren, die Herz und Gefäße dadurch schützen, dass sie die Blutfettwerte und den Cholesterinspiegel im Gleichgewicht halten. Gemeinsam mit Vitamin A und E sowie dem Spurenelement Selen machen sie den Lachs zu einer rundum gesunden Delikatesse.

Ätherische Öle und harzige Scharfstoffe verleihen dem **INGWER** nicht nur sein typisches Aroma, sondern machen ihn auch zu einem vielseitigen Wundermittel. Diese Inhaltsstoffe wirken dämpfend auf das zentrale Nervensystem, lindern Schmerzen und bekämpfen Entzündungen. Außerdem fördert Ingwer die Verdauung, wirkt appetitanregend und hilft gegen Übelkeit und Reisekrankheit. Und auch gegen die nächste Erkältungswelle kann man sich mit Ingwer wappnen: Die scharfe Wurzel fördert die Durchblutung der Schleimhäute und wärmt den Körper von innen.

Fischpflanzerl

mit Curry und Frühlingszwiebeln auf grünem Salat

Zutaten für 4 Personen:

Für den Salat:

1 Schalotte

125 ml Gemüsebrühe

2 EL Rotweinessig

½ TL scharfer Senf

3 EL mildes Olivenöl

je 1 EL Petersilien-, Basilikum- und Kerbelblätter (frisch geschnitten)

Salz · Pfeffer aus der Mühle

Zucker · ½ Kopfsalat

Für die Pflanzerl:

50 g Weißbrot · 50 ml Milch

½ Bund Frühlingszwiebeln

250 g Lachsfilet (küchenfertig)

250 g Zanderfilet (küchenfertig)

1 Eigelb

Salz · Pfeffer aus der Mühle

2 TL mildes Currypulver

½ TL Ingwer (fein gehackt)

½ Knoblauchzehe (fein gehackt)

½ TL abgeriebene unbehandelte Zitronenschale

1 Spritzer Zitronensaft

Weißbrotbrösel zum Wenden

4 EL Öl

1 Für den Salat die Schalotte schälen und in feine Würfel schneiden. Mit Brühe, Essig und Senf verrühren und das Olivenöl langsam unterrühren. Die Kräuter untermischen und das Dressing mit Salz, Pfeffer und 1 Prise Zucker abschmecken. Den Kopfsalat putzen, waschen, trocken schleudern und die Blätter in mundgerechte Stücke zupfen.

2 Für die Pflanzerl das Weißbrot entrinden, in kleine Würfel schneiden und in der Milch einweichen. Die Frühlingszwiebeln putzen, waschen und in feine Ringe schneiden. Die Fischfilets waschen, trocken tupfen und in möglichst kleine Würfel schneiden. Die Fischwürfel in einer Schüssel mit dem Eigelb, dem eingeweichten Weißbrot und den Frühlingszwiebeln mischen. Die Fischmasse mit Salz, Pfeffer, Curry, Ingwer, Knoblauch, Zitronenschale und -saft würzen.

3 Aus der Fischmasse mit angefeuchteten Händen kleine Frikadellen formen und diese in den Weißbrotbröseln wenden. Das Öl in einer Pfanne erhitzen und die Fischpflanzerl darin bei mittlerer Hitze auf beiden Seiten goldbraun braten. Herausnehmen und auf Küchenpapier abtropfen lassen.

4 Den Salat mit dem Dressing vermischen und auf Teller verteilen. Die gebratenen Fischpflanzerl dazu anrichten.

Mit seinem festen weißen Fleisch zählt der **ZANDER** zu den besten heimischen Süßwasser-Speisefischen. Er ist eine hervorragende Eiweißquelle und trotzdem fettarm, ein absolut gesundes »Leichtgewicht« also. Weil er außerdem Kalzium und Fluor enthält, sorgt er zusätzlich für stabile Knochen und feste Zähne. In der Mischung mit Lachs, der lebensnotwendige Fettsäuren und eine gute Portion Jod enthält, werden die Fischpflanzerl zu einer durch und durch gesunden Mahlzeit.

CURRYPULVER ist eine indische Gewürzmischung aus bis zu 20 teils milden, teils pikanten Gewürzen. Neben der Kurkuma (Gelbwurz), die ihr die gelbe Farbe verleiht, zählen unter anderem Ingwer, Pfeffer, Kreuzkümmel und Koriander zu ihren festen Bestandteilen. Damit die Gewürze ihr Aroma optimal entfalten können, sollte man das Pulver am besten nach Bedarf frisch herstellen.

Kross gebratener Zander

auf Tomatenmarinade mit Buttermilchschaum

Zutaten für 4 Personen:

Für die Marinade:

1 mittelgroße vollreife Strauchtomate

4 EL Gemüsebrühe

1 Zweig Rosmarin

½ Knoblauchzehe (in Scheiben)

1 kleine getrocknete Chilischote

3 EL mildes Olivenöl

1 TL Rotweinessig · Salz

Pfeffer aus der Mühle · Zucker

Für den Buttermilchschaum:

150 g Buttermilch

80 g saure Sahne

70 g Crème fraîche

6 EL mildes Olivenöl

Salz · Cayennepfeffer

Zucker · ½ TL Zitronensaft

Für den Fisch:

4 Zanderfilets (à 100 g; mit Haut) · 1 EL Öl

Salz · Pfeffer aus der Mühle

Außerdem:

2 mittelgroße vollreife Strauchtomaten

Salz · Pfeffer aus der Mühle

1 Für die Marinade die Tomate waschen und klein schneiden, dabei den Stielansatz entfernen. Das Tomatenfruchtfleisch mit der Brühe in einem kleinen Topf mit dem Stabmixer pürieren und erwärmen. Gewaschenen Rosmarin, Knoblauch und Chilischote dazugeben, die Marinade vom Herd nehmen und 5 bis 10 Minuten ziehen lassen. Die ganzen Gewürze entfernen, das Olivenöl mit dem Essig unterrühren und die Marinade mit Salz, Pfeffer und 1 Prise Zucker abschmecken.

2 Für den Buttermilchschaum Buttermilch, saure Sahne und Crème fraîche verrühren. Das Olivenöl unter ständigem Rühren hinzufügen und den Schaum mit Salz, je 1 Prise Cayennepfeffer und Zucker und dem Zitronensaft abschmecken.

3 Für den Fisch die Zanderfilets waschen und trocken tupfen. Das Öl in einer Pfanne erhitzen und die Filets darin auf der Hautseite bei mittlerer Hitze etwa 4 Minuten kross anbraten. Die Pfanne vom Herd nehmen, den Fisch wenden und 2 Minuten in der Resthitze glasig ziehen lassen. Mit Salz und Pfeffer würzen.

4 Die Tomaten kreuzweise einritzen, überbrühen, häuten und in Scheiben schneiden. Die Tomatenscheiben auf vorgewärmte Teller verteilen, mit Salz und Pfeffer würzen und die Tomatenmarinade darauf verteilen.

5 Die Zanderfilets auf den Tomatenscheiben anrichten und mit dem aufgemixten Buttermilchschaum umgießen. Nach Belieben mit Basilikumspitzen garniert servieren.

TOMATEN sind nicht nur ein schöner Farbtupfen auf dem Teller, sondern ein echtes Zellschutzwunder. Genau der Stoff, der für ihre leuchtend rote Farbe verantwortlich ist – das Carotinoid Lycopin –, gehört zu den stärksten in der Natur vorkommenden Antioxidantien, die unsere Körperzellen wirkungsvoll vor freien Radikalen schützen. Und das Beste: Das ebenfalls in Tomaten enthaltene Vitamin C unterstützt diesen Effekt sogar noch.

BUTTERMILCH ist ein natürlicher »Fitmacher«. Sie versorgt den Körper mit reichlich Kalzium, dem Garanten für feste Knochen. Und dank des Milchzuckers kann das Kalzium vom Körper auch optimal aufgenommen werden. Daneben liefert Buttermilch eine Reihe von wertvollen B-Vitaminen, die die Blutbildung unterstützen und so für neue Energie sorgen. Die enthaltenen Milchsäurebakterien sanieren die Darmflora und stärken damit das Immunsystem. Und das bei gerade einmal 0,5 % Fett pro 100 g. Wenn das kein Argument ist!

Barbarie-Ente

mit Rote-Bete-Birnen-Salat

Zutaten für 4 Personen:

Für den Salat:

2 kleine Rote Beten · Salz

½ EL ganzer Kümmel

150 ml Gemüsebrühe

2–3 EL Rotweinessig

½–1 TL scharfer Senf

Pfeffer aus der Mühle

Cayennepfeffer

4 EL mildes Olivenöl

½ kleine Zwiebel

1 Zweig Thymian

1 Streifen unbehandelte Orangenschale

2 kleine reife Birnen

1–2 TL Puderzucker

1 TL Butter

1 TL Meerrettich (frisch gerieben)

1 EL ungesalzene Pistazien

Für die Ente:

2 Barbarie-Entenbrüste

2 EL Öl

Salz · Pfeffer aus der Mühle

1 Für den Salat die Roten Beten in reichlich Salzwasser mit Kümmel etwa 40 Minuten weich kochen. Schälen, etwas abkühlen lassen und in Scheiben schneiden. Brühe, Essig, Senf, Salz, Pfeffer und 1 Prise Cayennepfeffer in einen hohen Rührbecher geben, mit dem Stabmixer aufschlagen und nach und nach das Olivenöl unterrühren. Die Zwiebel schälen und in Spalten schneiden, mit dem gewaschenen Thymian und der Orangenschale in die Marinade geben, über die Rote-Bete-Scheiben gießen und mindestens 30 Minuten ziehen lassen. Thymianzweig, Orangenschale und Zwiebelspalten wieder entfernen.

2 Die Birnen waschen, vierteln, Kerngehäuse entfernen und die Viertel in Spalten schneiden. Den Puderzucker in einer Pfanne hell karamellisieren und die Birnenspalten darin auf beiden Seiten anbraten. Die Butter dazugeben und die Pfanne vom Herd nehmen.

3 Für die Ente den Backofen auf 100 °C vorheizen. Ein Ofengitter auf die mittlere Schiene und darunter ein Abtropfblech schieben. Die Entenbrüste waschen, trocken tupfen und die Hautseite rautenförmig einschneiden. Das Öl in einer Pfanne erhitzen und das Fleisch darin auf der Hautseite etwa 5 Minuten braten. Kurz wenden und im Backofen auf dem Ofengitter etwa 1 Stunde fertig garen.

4 Zum Anrichten die Rote-Bete-Scheiben auf vorgewärmte Teller verteilen, die Birnenspalten darauflegen und mit Meerrettich und Pistazien bestreuen. Die Entenbrüste in dünne Scheiben schneiden, mit Salz und Pfeffer würzen und auf dem Salat anrichten. Nach Belieben mit kleinen Salatblättern garnieren.

ROTE BETE hat es im wahrsten Sinne des Wortes in sich: Sie enthält nämlich einen besonderen Mix aus Vitaminen, Mineralstoffen und Spurenelementen (Vitamin C, Folsäure, Eisen und Kupfer), der die Blutbildung unterstützt. Die dunkelrote Knolle ist deshalb quasi ein Muss für Frauen, insbesondere für Schwangere und stillende Mütter, Kinder, Jugendliche und Extremsportler. Ihre Biostoffe helfen auch gegen Antriebslosigkeit und Müdigkeit, Blässe, Reizbarkeit und Infektanfälligkeit.

Gesunde Knabberei: Die ursprünglich aus Syrien und dem Iran stammenden **PISTAZIEN** haben den höchsten Kaliumgehalt aller Nüsse – das ist jener Mineralstoff, der eine tragende Rolle im Elektrolythaushalt spielt. Zudem sind Pistazien reich an herzgesunden ungesättigten Fettsäuren und wertvollem Eiweiß und liefern viel Eisen, Kupfer und Magnesium. Ganz wichtig: Immer ungesalzene Kerne kaufen!

SUPPEN & SALATE

Hier freut sich das Genießerherz: Wenn Suppen und Salate auf den Tisch kommen, kann man nach Lust und Laune schlemmen und belastet dabei kaum das Kalorienkonto. Das A und O ist frisches Gemüse, das randvoll steckt mit allen Vitalstoffen, die unseren Körper fit halten.

Kalte Currysuppe

mit Apfelmus und Ananassaft

Zutaten für 4 Personen:

50 ml Gemüsebrühe

1 EL mildes Currypulver

2 Scheiben Toastbrot

500 ml Kokosmilch

2–3 EL Apfelmus (aus dem Glas)

100 ml Ananassaft

150 g Naturjoghurt

Salz · Cayennepfeffer

1 Msp. abgeriebene unbehandelte Limettenschale

2 Frühlingszwiebeln

1 Die Brühe in einem Topf aufkochen und vom Herd nehmen. Das Currypulver mit dem Schneebesen einrühren und die Brühe einige Minuten ziehen lassen.

2 Die Toastbrotscheiben entrinden, in Würfel schneiden und mit der Kokosmilch, dem Apfelmus und dem Ananassaft im Küchenmixer fein pürieren. Die Mischung in eine Metallschüssel füllen.

3 Den Joghurt und die Currybrühe mit dem Schneebesen unterrühren und die Suppe mit Salz, 1 Prise Cayennepfeffer und der Limettenschale würzen. Die Currysuppe zugedeckt mindestens 4 Stunden kühl stellen.

4 Kurz vor dem Servieren die Frühlingszwiebeln putzen, waschen und in feine Ringe schneiden. Unter die Suppe rühren und die Currysuppe auf Suppenteller verteilen.

Tipp

Als kleiner Snack passen Chili-Crostini dazu: Dafür je 60 g Frischkäse und geriebenen Parmesan mit 1 bis 2 TL milden Chiliflocken vermischen. 12 Scheiben Baguette in einer Pfanne in 2 EL Olivenöl auf beiden Seiten kross braten, die Käsemasse darauf verteilen und unter dem heißen Backofengrill kurz gratinieren.

Achten Sie beim Einkauf auf wirklich hochwertigen **ANANASSAFT**. Nach Möglichkeit sollten Sie Direktsaft oder sogenannten Muttersaft wählen, denn nur in ihm stecken noch die wertvollen Inhaltsstoffe der Frucht. Ananassaft ist reich an Vitaminen und Mineralstoffen. Vitamin C und Zink unterstützen das Immunsystem und lassen so Bakterien und Viren keine Chance. Außerdem enthält die Ananas eine große Menge an Fruchtsäure, die gemeinsam mit dem Enzym Bromelin die Eiweißverdauung in Fahrt bringt.

Die **LIMETTE**, die kleine grüne Verwandte der Zitrone, kann mit ähnlich guten »inneren Werten« aufwarten: Neben Vitamin C sind das vor allem diverse B-Vitamine, Mineralstoffe und Bioflavonoide, die Schützer und Helfer des Vitamin C. In der Küche verdrängen Limetten mehr und mehr die Zitronen, da sie weniger sauer und aromatischer sind.

Kalte Buttermilchsuppe

mit Gemüse und Limette

Zutaten für 4 Personen:

200 g Naturjoghurt

400 g Buttermilch

Saft von ½ Limette

½ TL abgeriebene unbehandelte Limettenschale

Salz

½ kleine Zwiebel

½ rote Spitzpaprika

100 g Zucchino

1–2 TL Öl

60 ml Gemüsebrühe

½ Knoblauchzehe (in Scheiben)

einige Safranfäden

gemahlener Koriander

2 EL Maiskörner (aus der Dose)

Pfeffer aus der Mühle

1 Splitter Zimtrinde

1 EL Basilikumblätter (frisch geschnitten)

1 Den Joghurt und die Buttermilch in einer Schüssel mit dem Limettensaft und der -schale verrühren. Mit Salz würzen und kühl stellen.

2 Die Zwiebel schälen und in feine Würfel schneiden. Die Paprikaschote entkernen, waschen und in kleine Würfel schneiden. Den Zucchino putzen, waschen und in ½ cm große Würfel schneiden.

3 Das Öl in einer Pfanne erhitzen, die Zwiebel-, Paprika- und Zucchiniwürfel darin bei mittlerer Hitze andünsten. Mit der Brühe ablöschen. Knoblauch, Safran und 1 Prise Koriander dazugeben und das Gemüse knapp unter dem Siedepunkt 6 bis 7 Minuten ziehen lassen, bis die Flüssigkeit fast verdampft ist.

4 Die Maiskörner abtropfen lassen und untermischen. Das Gemüse mit Salz und Pfeffer würzen, etwas Zimt auf der Muskatreibe darüberreiben und das Basilikum unterrühren.

5 Die Buttermilchsuppe auf Suppenteller verteilen und jeweils etwas Gemüse daraufgeben.

Tipp

Eine feine Note erhält die Suppe, wenn Sie sie mit mildem Olivenöl beträufelt servieren. Zusätzlich können Sie die Buttermilchsuppe noch mit knusprigen Brotwürfeln bestreuen. Dafür 2 bis 3 Scheiben Weißbrot entrinden und in kleine Würfel schneiden. In 1 EL Olivenöl bei milder Hitze kross braten und auf Küchenpapier abtropfen lassen.

Husten und Schnupfen ade, denn **SPITZPAPRIKA** sind wahre Vitamin-C-Bomben! Schon eine kleine rote Schote reicht aus, um den täglichen Bedarf von 100 mg Ascorbinsäure (Vitamin C) zu decken und damit die Immunabwehr so richtig in Schwung zu bringen. Außerdem enthalten die Beerenfrüchte Flavonoide, die blutverdünnend wirken und Thrombosen vorbeugen. Rote Paprika reifen an der Pflanze und enthalten deshalb deutlich mehr Vitamin C als die unreif geernteten grünen Schoten. Wer einen empfindlichen Magen hat, sollte das Gemüse vor dem Verzehr am besten schälen, da die Schale nur schwer verdaulich ist.

Kürbissuppe

mit gebratenen Jakobsmuscheln

Zutaten für 4 Personen:

Für die Suppe:

600 g Muskatkürbis

750 ml Geflügelbrühe

150 g Sahne

mildes Currypulver

1 Knoblauchzehe

1 Scheibe Ingwer

1 Splitter Zimtrinde

½ ausgekratzte Vanilleschote

4 EL kalte Butter

Salz

Für die Muscheln:

4 Jakobsmuscheln (ausgelöst)

1 TL Öl · 1 TL Butter

Vanillesalz
(aus dem Gewürzladen)

Pfeffer aus der Mühle

1 Für die Suppe den Kürbis schälen, die Kerne mit einem Löffel entfernen und das Fruchtfleisch in 1 cm große Würfel schneiden. Die Kürbiswürfel mit der Brühe in einen Topf geben und knapp unter dem Siedepunkt etwa 20 Minuten weich garen. Die Sahne und 1 EL Currypulver hinzufügen und die Suppe mit dem Stabmixer pürieren.

2 Den Knoblauch schälen und halbieren. Mit Ingwer, Zimt und Vanilleschote zur Suppe geben, einige Minuten darin ziehen lassen und wieder entfernen. Die Butter in kleinen Stücken mit dem Stabmixer unterrühren und die Kürbissuppe mit Salz und Currypulver abschmecken.

3 Die Jakobsmuscheln waschen und trocken tupfen. Das Öl in einer Pfanne erhitzen und die Jakobsmuscheln darin auf beiden Seiten etwa 1 Minute braten. Die Pfanne vom Herd nehmen und die Muscheln in der Resthitze etwa 1 Minute glasig ziehen lassen. Die Butter in der Pfanne zerlassen, die Jakobsmuscheln damit beträufeln, mit Vanillesalz und Pfeffer würzen. Auf Küchenpapier abtropfen lassen. Die Kürbissuppe auf vorgewärmte Suppenteller verteilen und je 1 Jakobsmuschel hineinsetzen.

Tipp

Damit die Jakobsmuscheln gleichmäßig braten, ist es wichtig, dass sie vorher gut mit Küchenpapier trocken getupft und in eine bereits heiße Pfanne gelegt werden. Idealerweise verwenden Sie eine beschichtete Pfanne mit dickem Boden – so können die Muscheln in der Resthitze sanft ziehen, und Sie benötigen nur wenig Öl zum Braten.

KÜRBIS ist so reizarm und gut verträglich, dass man schon Babys guten Gewissens damit füttern kann. Je orangefarbener das kalorienarme Fruchtfleisch ist, umso mehr Betacarotin enthält es. Zusammen mit den Vitaminen C und E sowie Zink und Selen bildet das Betacarotin ein hochwirksames Quintett an Antioxidantien, das freie Radikale unschädlich macht und das Immunsystem stärkt. Ballaststoffe und Kalium regulieren zudem den Cholesterinspiegel und Wasserhaushalt und entlasten so das Herz-Kreislauf-System. Übrigens: Unter den vielen Arten der großen Kürbisfamilie haben Moschuskürbisse (zu denen der Muskat- und der Butternutkürbis gehören) das aromatischste Fruchtfleisch.

Würzige Linsensuppe

mit Kokosmilch und Tomaten

Zutaten für 4 Personen:

je ½ TL Kardamomsamen, Kreuzkümmelsamen und zerbröselte Zimtrinde

½ TL gemahlene Kurkuma

1 kleine Zwiebel

1–2 TL Öl

100 g rote Linsen

1 TL Tomatenmark

150 g passierte Tomaten (aus dem Tetrapak)

800 ml Gemüsebrühe

150 ml Kokosmilch

1 Knoblauchzehe (halbiert)

1 Scheibe Ingwer

1 Streifen unbehandelte Zitronenschale

Salz · Pfeffer aus der Mühle

Cayennepfeffer

1 EL Petersilienblätter (frisch geschnitten)

1 Kardamom, Kreuzkümmel und Zimt in einer beschichteten Pfanne ohne Fett rösten, bis die Gewürze zu duften beginnen. Abkühlen lassen, im Mörser fein zerreiben und mit der Kurkuma mischen.

2 Die Zwiebel schälen und in feine Würfel schneiden. Das Öl in einem Topf erhitzen und die Zwiebelwürfel darin bei mittlerer Hitze glasig dünsten. Die Linsen dazugeben, dann das Tomatenmark unterrühren und etwas mitdünsten. Die passierten Tomaten mit der Brühe hinzufügen und die Linsen knapp unter dem Siedepunkt 15 bis 20 Minuten weich garen.

3 Knapp ein Drittel der Linsen mit dem Schaumlöffel herausnehmen und beiseitestellen. Die Kokosmilch in die Suppe geben und alles mit dem Stabmixer pürieren. Knoblauch, Ingwer und Zitronenschale zur Suppe geben, einige Minuten darin ziehen lassen und wieder entfernen.

4 Die Linsensuppe mit Salz, Pfeffer und je 1 Prise Cayennepfeffer und zerriebener Gewürzmischung würzen. Die beiseitegestellten Linsen wieder in die Suppe geben. Die Suppe auf vorgewärmte Suppenteller verteilen und mit Petersilie bestreut servieren.

Tipp

Die restliche Gewürzmischung können Sie in einem luftdicht verschlossenen Behälter aufbewahren. Sie eignet sich zum Würzen von Gemüse- und Hülsenfrüchtegerichten. Sie sollten sie allerdings rasch aufbrauchen, da die Aromen relativ schnell verfliegen.

LINSEN sind – wie alle Hülsenfrüchte – eine hervorragende pflanzliche Eiweißquelle und deshalb vom vegetarischen Speiseplan nicht wegzudenken. In ihnen stecken aber auch komplexe Kohlenhydrate wie Stärke und Ballaststoffe, die lang anhaltend satt machen, ohne sich negativ auf den Blutzuckerspiegel auszuwirken. Mit einem Mix aus Vitaminen, Mineralstoffen und sekundären Pflanzenstoffen regen sie außerdem den Stoffwechsel an und schützen vor Blutarmut, freien Radikalen und unliebsamen Krankheitserregern. Und wer Linsen isst, hat nicht nur etwas im Magen, sondern auch im Köpfchen! Denn die Hülsenfrüchte wirken nachweislich positiv auf unser Gehirn.

Gemüsesuppe

mit Weißkohl und Champignons

Zutaten für 4 Personen:

1 festkochende Kartoffel

1 Karotte

1 Zwiebel

100 g junger Weißkohl

½ kleine Fenchelknolle

1 Stange Staudensellerie

80 g kleine weiße Champignons

½ Bund Frühlingszwiebeln

80 g breite Bohnen

Salz · 1 Zweig Thymian

1 EL Öl

800 ml Gemüsebrühe

1 kleines Lorbeerblatt

1 Knoblauchzehe (halbiert)

1 Scheibe Ingwer

1 Streifen unbehandelte Zitronenschale

Cayennepfeffer

1 EL Petersilienblätter (frisch geschnitten)

1 EL mildes Olivenöl

1 Das Gemüse je nach Sorte schälen bzw. putzen und waschen. Die Kartoffel in 1 cm große Würfel, die Karotte schräg in Scheiben und die Zwiebel in feine Spalten schneiden. Die Weißkohlblätter in kleine Rauten schneiden. Den Fenchel längs vierteln und quer in 1 ½ cm lange Stücke schneiden. Den Staudensellerie schräg in ½ cm dicke Scheiben schneiden.

2 Die Champignons putzen, trocken abreiben und vierteln, die Frühlingszwiebeln schräg in ½ cm dicke Stücke schneiden. Die Bohnen schräg in 1 ½ cm lange Stücke schneiden und 5 Minuten in kochendem Salzwasser fast weich garen. In ein Sieb abgießen, kalt abschrecken und abtropfen lassen. Den Thymian waschen und trocken schütteln.

3 Das Öl in einem großen Topf erhitzen. Kartoffel, Karotte, Zwiebel, Weißkohl, Fenchel und Staudensellerie darin bei milder Hitze andünsten. Die Brühe angießen, das Lorbeerblatt hinzufügen und das Gemüse knapp unter dem Siedepunkt 10 bis 15 Minuten weich garen.

4 Kurz vor Ende der Garzeit Frühlingszwiebeln, Champignons, Bohnen, Thymianzweig, Knoblauch, Ingwer und Zitronenschale hinzufügen. Die Gewürze einige Minuten in der Suppe ziehen lassen und wieder entfernen. Die Suppe mit Salz und 1 Prise Cayennepfeffer abschmecken.

5 Die Gemüsesuppe auf vorgewärmte Suppenteller verteilen, mit der Petersilie bestreuen und mit Olivenöl beträufeln.

Eine klare **GEMÜSESUPPE** geizt mit Kalorien, aber ganz und gar nicht mit Geschmack. Sie enthält quasi kein Fett, dafür aber Mineralstoffe, Vitamine und Spurenelemente satt. Ein besonders wichtiger Inhaltsstoff ist Kalium: Es hält den Wasserhaushalt in Balance, stärkt die Nieren und hat einen positiven Einfluss auf den Blutdruck. Die Ballaststoffe aus dem Gemüse helfen einem trägen Darm auf die Sprünge und können dazu beitragen, einen erhöhten Cholesterinspiegel zu senken.

Ob roh, gekocht, geschmort oder eingelegt – **WEISSKOHL** erfreut sich bei uns größter Beliebtheit. Und das zu Recht, denn das kalorienarme Gemüse hat eine gute Portion Ballaststoffe vorzuweisen, die sich positiv auf die Darmtätigkeit auswirken. Daneben macht uns sein hoher Gehalt an Vitamin C »winterfest«. Die Senföle, die dem Kohl seinen typischen Geschmack verleihen, wirken sowohl entzündungshemmend als auch antioxidativ und sollen der Entstehung von Krebs vorbeugen.

Spargelsuppe

mit Bärlauch

Zutaten für 4 Personen:

je 200 g weißer und grüner Spargel

800 ml Gemüsebrühe

200 g Sahne

1 Streifen unbehandelte Zitronenschale

2 EL kalte Butter

Salz

Cayennepfeffer

frisch geriebene Muskatnuss

einige Spritzer Zitronensaft

8 Bärlauchblätter

1 Den weißen Spargel schälen und die holzigen Enden abschneiden. Den grünen Spargel waschen und nur im unteren Drittel schälen, ebenfalls die holzigen Enden abschneiden. Die Brühe aufkochen, die Spargelschalen darin knapp unter dem Siedepunkt 20 Minuten ziehen lassen. Den Sud durch ein Sieb in einen Topf gießen, die Spargelschalen dabei mit einer Schöpfkelle gut ausdrücken und entfernen.

2 Den Spargel schräg in 1/2 cm dicke Scheiben schneiden und im Spargelsud knapp unter dem Siedepunkt 5 bis 10 Minuten bissfest gar ziehen lassen. Den Sud erneut durch ein Sieb in einen Topf gießen und die Spargelscheiben warm stellen.

3 Die Sahne in den Topf gießen und bis kurz vor dem Siedepunkt erhitzen. Die Suppe vom Herd nehmen, die Zitronenschale in die Suppe geben, einige Minuten darin ziehen lassen und wieder entfernen. Die Butter in kleinen Stücken mit dem Stabmixer unterrühren und die Spargelsuppe mit Salz, 1 Prise Cayennepfeffer, etwas Muskatnuss und dem Zitronensaft abschmecken.

4 Die Bärlauchblätter waschen und trocken tupfen, grobe Stiele entfernen. Die Blätter in feine Streifen schneiden und mit den Spargelscheiben auf vorgewärmte Suppenteller verteilen. Die Spargelsuppe nochmals mit dem Stabmixer aufschäumen und darübergeben.

Tipp

Die Suppe wird etwas sämiger, wenn Sie zum Binden einige gegarte Kartoffelwürfel (etwa 50 g) untermixen.

Seine Herkunft kann er einfach nicht verheimlichen, dazu sind sein Duft und sein Geschmack zu prägnant: Der auch als »Waldknoblauch« bezeichnete **BÄRLAUCH** enthält alle wichtigen Inhaltsstoffe des Knoblauchs – und die wissen wir zu schätzen. Die schwefelhaltigen Verbindungen verbessern die Fließeigenschaften des Blutes und können dadurch die Gefahr von Herzinfarkt und Schlaganfall verringern. Positiv ist auch die erwiesene Wirkung gegen Bakterien und Pilze: ein natürliches Antibiotikum sozusagen – und das ganz ohne Nebenwirkungen, wenn man einmal vom Geruch absieht. Bärlauch sollte man am besten ganz frisch verwenden, da die Blätter beim Erhitzen stark an Aroma verlieren. Vorsicht: Bärlauch beim Selbersammeln nicht mit Maiglöckchenblättern verwechseln – diese sind giftig und riechen nicht nach Knoblauch!

Klare Geflügelsuppe

mit Wurzelgemüse und Champignons

Zutaten für 4 Personen:

4 Geflügelkeulen

2 Stangen Staudensellerie

½ Karotte

1 kleine Petersilienwurzel

1 Zwiebel

½ dünne Stange Lauch

1 EL getrocknete Champignons (ersatzweise 50 g frische)

1 Lorbeerblatt

1 TL schwarze Pfefferkörner

4 Pimentkörner

1 Scheibe Ingwer

Salz

frisch geriebene Muskatnuss

1–2 TL Sherry (medium)

1 EL Schnittlauchröllchen

1 Die Geflügelkeulen waschen und trocken tupfen. In einem großen Topf 1 ½ l Wasser zum Kochen bringen und die Keulen darin knapp unter dem Siedepunkt gut 1 Stunde gar ziehen lassen. Dabei den aufsteigenden Schaum immer wieder mit dem Schaumlöffel abnehmen.

2 Inzwischen den Staudensellerie putzen, waschen und vierteln. Karotte und Petersilienwurzel schälen und längs halbieren, die Zwiebel schälen, den Lauch putzen und gründlich waschen. Das vorbereitete Gemüse, die getrockneten Champignons, das Lorbeerblatt sowie Pfeffer, Piment und Ingwer nach etwa 30 Minuten Garzeit in die Brühe geben.

3 Die Geflügelkeulen am Ende der Garzeit aus dem Topf nehmen und häuten. Das Fleisch von den Knochen lösen und in kleine Stücke zerteilen. Die Suppe durch ein feines Sieb, das mit einem Passier- oder Küchentuch ausgelegt ist, gießen und mit Salz würzen. Karotte, Petersilienwurzel und Staudensellerie aus dem Sieb nehmen und klein schneiden. Restliches Gemüse und die Gewürze entfernen.

4 In vorgewärmte Suppenteller ein wenig Muskatnuss reiben, das zerkleinerte Suppengemüse und das Fleisch auf die Teller verteilen und mit der heißen Suppe auffüllen. Die Suppe mit Sherry verfeinern und mit Schnittlauchröllchen bestreut servieren.

Die **PETERSILIENWURZEL**, auch Wurzelpetersilie genannt, ist ein typisches Suppengemüse. Die Wurzel sieht meist aus wie eine kleine Pastinake, ihr leicht nussiges Aroma liegt zwischen Petersilie und Knollensellerie. Die verdickte Wurzel enthält verdauungsfördernde Ballaststoffe, die sich zudem positiv auf den Cholesterinspiegel auswirken und so die Gefahr mindern, an Arteriosklerose zu erkranken. Ihr Gehalt an Vitamin C ist im Vergleich zur Blattpetersilie geringer, aber immer noch ausreichend, um Erkältungskrankheiten oder Entzündungen wirksam vorzubeugen. Das Grün der Wurzel eignet sich – wie glatte Petersilie – als Küchenkraut.

Kräutersuppe

mit pochiertem Saibling

Zutaten für 4 Personen:

Für die Suppe:

1 Zwiebel

1 festkochende Kartoffel (ca. 70 g)

3 EL kalte Butter

1 l Geflügelbrühe

200 g Sahne

100 g junger Blattspinat

Salz

100 g gemischte Kräuterblätter (z. B. Kerbel, Liebstöckel, Basilikum, Petersilie, Dill, Brunnenkresse und Sauerampfer)

1 Streifen unbehandelte Zitronenschale

1 Knoblauchzehe (in Scheiben)

Cayennepfeffer

frisch geriebene Muskatnuss

Für den Fisch:

4 Saiblingsfilets (à 60 g; mit Haut)

1–2 TL mildes Olivenöl

mildes Chilisalz (aus dem Gewürzladen)

1 Für die Suppe die Zwiebel und die Kartoffel schälen und in kleine Würfel schneiden. In einem Topf 1 EL Butter erhitzen, die Zwiebel- und Kartoffelwürfel darin bei mittlerer Hitze andünsten. Die Brühe angießen und knapp unter dem Siedepunkt 25 Minuten mehr ziehen als köcheln lassen. Dann die Sahne hinzufügen und alles mit dem Stabmixer pürieren.

2 Für den Fisch den Backofen auf 100 °C vorheizen. Die Saiblingsfilets waschen, trocken tupfen und mit der Hautseite nach oben auf einen geölten ofenfesten Teller legen. Mit Bratschlauchfolie zudecken und im Backofen auf der mittleren Schiene etwa 15 Minuten pochieren.

3 Inzwischen den Spinat verlesen, gründlich waschen und abtropfen lassen, grobe Stiele entfernen. Die Spinatblätter in kochendem Salzwasser kurz blanchieren, abgießen, kalt abschrecken und abtropfen lassen. Die Blätter mit den Händen ausdrücken und hacken. Die Kräuter waschen, trocken schütteln, die Blätter abzupfen und klein schneiden.

4 Die Zitronenschale zur Brühe geben, einige Minuten darin ziehen lassen und wieder entfernen. Erst kurz vor dem Servieren Spinat, Kräuterblätter und Knoblauch mit der restlichen Butter untermixen. Die Suppe mit Salz sowie je 1 Prise Cayennepfeffer und Muskatnuss abschmecken. Die Suppe auf vorgewärmte Suppenteller verteilen, die Saiblingsfilets mit Chilisalz würzen und in der Suppe servieren.

KERBEL gehört traditionell zu den großen Heilpflanzen der Klostermedizin. Das Kraut zählt zur Familie der Doldenblütler und enthält ätherische Öle, Flavonoide und Bitterstoffe. Letztere wirken krampflösend, helfen Leber und Galle bei ihrer Entgiftungsarbeit und regen die Verdauung an. Zusätzliche Unterstützung leistet dabei das Glycosid Apiin, das keimtötend wirkt und außerdem den typischen Kerbelgeschmack ausmacht.

LIEBSTÖCKEL oder Maggikraut ist eine aus dem östlichen Mittelmeerraum stammende Gewürzpflanze, deren Blätter gern für Suppen, Saucen und Eintöpfe verwendet werden. Alle Pflanzenteile enthalten ein ätherisches Öl, das harntreibend wirkt.

Fischsuppe

auf provenzalische Art

Zutaten für 4 Personen:

1 Zwiebel

1 Knoblauchzehe

1 Stange Staudensellerie

½ Fenchelknolle

½ dünne Stange Lauch

2 EL Olivenöl

80 ml Weißwein

800 ml Gemüsebrühe

1 Lorbeerblatt

einige Safranfäden

1 Streifen unbehandelte Zitronenschale

150 g stückige Tomaten (aus der Dose)

Salz · Pfeffer aus der Mühle

Cayennepfeffer

400 g gemischte Fischfilets (z. B. Kabeljau, Knurrhahn, Lachs, Rotbarsch; küchenfertig)

100 g Garnelen (küchenfertig)

1 EL Petersilienblätter (frisch geschnitten)

1 Die Zwiebel und den Knoblauch schälen, die Zwiebel in feine Würfel schneiden, den Knoblauch längs halbieren. Staudensellerie, Fenchel und Lauch putzen und waschen. Den Sellerie in dünne Scheiben schneiden, den Fenchel halbieren und wie den Lauch quer in dünne Streifen schneiden.

2 In einem Topf 1 EL Olivenöl erhitzen, Zwiebel, Staudensellerie und Fenchel darin bei milder Hitze andünsten. Mit dem Wein ablöschen, etwas einköcheln lassen und die Brühe angießen. Das Lorbeerblatt dazugeben und die Suppe knapp unter dem Siedepunkt etwa 15 Minuten ziehen lassen. Dann Lauch, Knoblauch, Safran und Zitronenschale hinzufügen und die Suppe weitere 5 Minuten mehr ziehen als köcheln lassen. Lorbeerblatt, Knoblauch und Zitronenschale wieder entfernen.

3 Die Tomaten mit dem restlichen Olivenöl unter die Suppe rühren und die Suppe mit Salz, Pfeffer und 1 Prise Cayennepfeffer würzen.

4 Die Fischfilets und die Garnelen waschen, trocken tupfen und in etwa 2 cm große Stücke schneiden. In einem Topf reichlich Salzwasser zum Kochen bringen und vom Herd nehmen. Die Fisch- und Garnelenstücke darin 2 bis 3 Minuten ziehen lassen, bis sie glasig sind. Mit dem Schaumlöffel herausnehmen und mit der Petersilie in die Suppe geben.

MEERESFISCHE haben einen entscheidenden Vorteil gegenüber Süßwasserfischen: Sie enthalten wesentlich mehr Jod. Dieses Spurenelement ist unabdingbar für die Bildung der Schilddrüsenhormone, die ihrerseits die Aktivität sämtlicher Körperzellen und damit den Stoffwechsel regelt. Eine Seefisch-Mahlzeit pro Woche ist ein echtes Muss, vor allem für diejenigen, die fernab vom Meer in Jodmangelgebieten leben.

Erstaunlich, aber wahr: **DOSENTOMATEN** enthalten meist mehr Vitamin C als die meisten frischen »Paradiesäpfel« aus dem Supermarkt! Tomaten für die Dosenverarbeitung bleiben am Strauch, bis sie reif sind, und werden direkt nach der Ernte verarbeitet. Für den Handel werden Tomaten dagegen oft unreif geerntet. Durch langes Lagern verlieren sie wertvolle Inhaltsstoffe und können ihr Aroma nicht vollständig entfalten.

Muschel-Fenchel-Salat

mit Orangen und Oliven

Zutaten für 4 Personen:

700 g Miesmuscheln

Salz

1 große Fenchelknolle (mit Grün)

2 Orangen

1 EL Zitronensaft

Pfeffer aus der Mühle

Zucker

je 1 Msp. abgeriebene unbehandelte Zitronen- und Orangenschale

2 EL mildes Olivenöl

je ½ Kopf weißer und roter Radicchio

80 g schwarze Oliven (entsteint)

1 Die Muscheln unter fließendem kaltem Wasser gründlich säubern, geöffnete Muscheln aussortieren. In einen Topf 2 cm hoch Wasser füllen, zum Kochen bringen und salzen. Die Muscheln darin zugedeckt etwa 2 Minuten garen, bis sie sich öffnen. Die Muscheln mit dem Schaumlöffel herausnehmen, Exemplare, die sich nicht geöffnet haben, aussortieren. Einige Muscheln zum Garnieren beiseitelegen, bei den restlichen Muscheln das Fleisch aus den Schalen lösen.

2 Die Fenchelknolle putzen, waschen, quer in hauchdünne Streifen hobeln und leicht mit Salz würzen. Das Fenchelgrün klein schneiden und beiseitelegen. Die Orangen mit einem scharfen Messer so großzügig schälen, dass auch die weiße Haut mit entfernt wird, und die Filets aus den Trennhäuten schneiden. Den dabei austretenden Saft auffangen und die Orangenreste ausdrücken.

3 Die Zitrussäfte mit Salz, Pfeffer, 1 Prise Zucker, der Zitronen- und Orangenschale sowie dem Olivenöl verrühren und das Fenchelgrün untermischen. Den Radicchio putzen, waschen, trocken schleudern und die Blätter in mundgerechte Stücke zupfen.

4 Die Salatblätter mit Fenchel, Orangenfilets, Oliven, Muschelfleisch und der Marinade mischen und auf Tellern anrichten. Mit den beiseitegelegten Muscheln in der Schale garnieren.

Hier heißt es zugreifen, denn **FENCHEL** tut der Gesundheit in mehrfacher Hinsicht gut. Hätten Sie gewusst, dass in den Knollen mehr Vitamin C steckt als in Orangen? Daneben enthält Fenchel ein zweites Zellschutzvitamin in großen Mengen, nämlich Betacarotin, die Vorstufe des Vitamin A: eine ideale Kombination also, um freie Radikale abzuwehren. Die ätherischen Öle des Fenchels beruhigen einen nervösen Magen und wirken schleimlösend auf die Atemorgane.

MIESMUSCHELN, auch die »Austern des kleinen Mannes« genannt, sind reich an hochwertigem Eiweiß und einer bunten Palette an Mineralstoffen und Spurenelementen sowie Vitamin B_{12}. Dieser Mix sorgt für gesunde Haut und Haare und bringt das Immunsystem auf Trab. Vor allem in den Monaten September bis April sollten Sie zugreifen – da kommen die frischesten Muscheln auf den Tisch.

Lauwarmer Spargelsalat

mit gebratenen Riesengarnelen

Zutaten für 4 Personen:

1 Bund grüner Spargel · Salz

1 kleine rote Chilischote

16 Riesengarnelen

60 ml Gemüsebrühe

1 EL Butter

1 TL braune Butter (siehe Tipp S. 85)

1 TL unbehandelte Orangenzesten

Pfeffer aus der Mühle

5 EL mildes Olivenöl

1 Knoblauchzehe (in Scheiben)

2 Scheiben Ingwer

1 Zweig Rosmarin

1 TL abgeriebene unbehandelte Zitronenschale

1 Den Spargel waschen und nur im unteren Drittel schälen, die holzigen Enden abschneiden. Die Spargelstangen schräg halbieren und in kochendem Salzwasser 6 bis 8 Minuten bissfest garen. In ein Sieb abgießen, kalt abschrecken und abtropfen lassen.

2 Die Chilischote längs halbieren, entkernen, waschen und in feine Würfel schneiden. Die Garnelen bis auf das Schwanzstück schälen, am Rücken entlang einschneiden und den dunklen Darm entfernen. Die Garnelen waschen und trocken tupfen.

3 Den Spargel in einem Topf in der Brühe erhitzen. Die Butter, die braune Butter, die Chiliwürfel und die Orangenzesten dazugeben, mit Salz und Pfeffer würzen.

4 In einer Pfanne 1 EL Olivenöl erhitzen und die Garnelen darin bei milder Hitze auf beiden Seiten jeweils 1 bis 2 Minuten anbraten. Die Pfanne vom Herd nehmen und die Garnelen in der Resthitze glasig ziehen lassen.

5 Inzwischen in einer weiteren Pfanne das restliche Olivenöl bei milder Hitze erwärmen, Knoblauch, Ingwer, den gewaschenen Rosmarin und die Zitronenschale dazugeben. Die Garnelen in dem Gewürzöl wenden und mit Salz und Pfeffer würzen. Den Spargel auf vorgewärmten Tellern anrichten und die Garnelen daraufgeben. Nach Belieben Cocktailtomaten (an der Rispe) dazu servieren.

Frischekick mit einem Hauch von Sommer: In der **SCHALE** von **ZITRUSFRÜCHTEN** stecken geballt ätherische Öle. Sie haben ein wunderbar frisches, leicht exotisches Aroma und eignen sich deshalb gut zum Würzen von Speisen. Konventionell angebaute Zitrusfrüchte werden allerdings meist stark mit Konservierungsstoffen behandelt, sodass Sie diese Schalen nicht verwenden sollten. In diesem Fall ist Bioware die richtige Wahl. Trotzdem sollten Sie die Früchte vor dem Abreiben der Schale heiß waschen und gründlich abtrocknen oder mit einem geölten Tuch abreiben.

Als **GEMÜSEBRÜHE** bezeichnet man einen Gemüseextrakt, der meist noch mit Gewürzen und Kräutern versetzt ist. Sie ist als Brühwürfel, Pulver oder auch in Pastenform im Handel. Selbst gemachte Gemüsebrühe ist der gekauften vorzuziehen, da sie reich an Vitaminen und Mineralstoffen und nicht zu stark gesalzen ist. Außerdem kann man sicher sein, dass sie kein Glutamat enthält. Dies ist ein Geschmacksverstärker, der bei empfindlichen Menschen unter anderem Kopfschmerzen und Übelkeit hervorrufen kann.

Karottensalat

mit Koriander und Curry

Zutaten für 4 Personen:

1 EL Korianderkörner

500 g Karotten

2 Schalotten

2–3 EL mildes Olivenöl

150 ml Gemüsebrühe

½ TL mildes Currypulver

2 Scheiben Ingwer

½ Zimtrinde

1 Msp. abgeriebene unbehandelte Orangenschale

3 EL Orangensaft

Saft von ½ Zitrone

Salz · Pfeffer aus der Mühle

Cayennepfeffer

1 EL Petersilienblätter (frisch geschnitten)

1 Den Koriander in einer beschichteten Pfanne ohne Fett rösten, bis er zu duften beginnt. Abkühlen lassen und in eine Gewürzmühle füllen. Die Karotten putzen, schälen und schräg in 2 bis 3 mm dicke Scheiben schneiden. Die Schalotten schälen und in feine Würfel schneiden.

2 In einem Topf 1 bis 2 TL Olivenöl erhitzen und die Schalottenwürfel darin glasig dünsten. Die Karottenscheiben dazugeben, kurz mitdünsten und die Brühe angießen. Die Karotten zugedeckt bei milder Hitze 10 Minuten weich dünsten.

3 Die Karotten in ein Sieb abgießen und dabei den Garsud für die Salatmarinade auffangen. Das Currypulver mit dem Schneebesen unter den Sud rühren, Ingwer und Zimt dazugeben, einige Minuten darin ziehen lassen und wieder entfernen.

4 Orangenschale, Zitrussäfte und das restliche Olivenöl untermischen und die Marinade mit Salz, Pfeffer, 1 Prise Cayennepfeffer und dem Koriander aus der Mühle würzen. Zum Servieren die Marinade mit den Karottenscheiben und der Petersilie mischen.

Tipp

Durch das Anrösten entwickelt der Koriander ein feines Aroma, das an frisch gebackenes Bauernbrot erinnert. Er eignet sich zum Würzen von vielen Gemüse- sowie Fischgerichten.

Wer regelmäßig **KAROTTEN** isst, kann davon nur profitieren. Denn das reichlich enthaltene Betacarotin ist für alle Körperzellen ein hervorragender Schutzschild. Es bewahrt die Haut vor den negativen Einflüssen zu starker UV-Strahlung, macht freie Radikale unschädlich und erhält die Sehfunktion. Neben ihrer antioxidativen Wirkung leisten Karotten zudem einen wertvollen Beitrag, um die Entstehung von Krebs, Gefäßverkalkung und anderen Zivilisationserkrankungen zu verhindern. Betacarotin ist übrigens ein fettlösliches Provitamin – deshalb sollten Sie Karotten immer in Kombination mit etwas Fett zu sich nehmen.

Couscoussalat

mit Fetakäse und Arganöl

Zutaten für 4 Personen:

120 g Instant-Couscous

175 ml Gemüsebrühe

1 rote Chilischote

150 g junge Stangen Staudensellerie (mit Grün)

2 Tomaten · 1 Salatgurke

2 Schalotten · 100 g Fetakäse

je 80 g grüne und schwarze Oliven (ohne Stein)

½ TL Ras-el-Hanout (marokk. Gewürzmischung; ersatzweise Currypulver)

1 EL Mandelblättchen

2–3 EL Rotweinessig

3 EL mildes Olivenöl

2 EL Arganöl

Salz · Pfeffer aus der Mühle

Zucker

1 TL Minzeblätter (frisch geschnitten)

1 EL Petersilienblätter (frisch geschnitten)

1 EL ungesalzene Pistazien

1 EL Rosinen (in Hibiskustee eingeweicht)

1 Den Couscous in 125 ml Brühe bei milder Hitze aufkochen. Die Chilischote längs halbieren, entkernen, waschen und dazugeben. Den Couscous etwa 7 Minuten quellen und dann auskühlen lassen. Die Chilischote wieder entfernen.

2 Den Staudensellerie putzen und waschen. Die Blätter abzupfen und beiseitelegen, die Stangen in dünne Scheiben schneiden. Die Tomaten waschen, vierteln, entkernen und das Fruchtfleisch in Würfel schneiden. Die Gurke schälen, längs halbieren, entkernen und ebenfalls in Würfel schneiden. Die Schalotten schälen und in feine Würfel schneiden, den Fetakäse zerbröckeln. Die Oliven je nach Größe halbieren oder vierteln.

3 Die restliche Brühe erwärmen, das Ras-el-Hanout hineinstreuen und einige Minuten darin ziehen lassen. Die Mandelblättchen in einer beschichteten Pfanne ohne Fett goldbraun rösten. Essig, Oliven- und Arganöl zur Brühe geben, mit Salz, Pfeffer, 1 Prise Zucker und den Kräutern abschmecken. Couscous, Gemüse, Fetakäse, Oliven, Pistazien, Rosinen, Mandelblättchen und Marinade verrühren, eventuell noch etwas nachwürzen.

Tipp

Anstelle von Arganöl können Sie auch braune Butter (siehe Tipp S. 85) zur Marinade geben.
Für die eingeweichten Rosinen eine Tasse Hibiskustee frisch aufbrühen, 5 Minuten ziehen lassen und durch ein Sieb gießen. Die Rosinen 1 Stunde darin einweichen und dann abgießen.

Das flüssige Wunder aus Marokko: **ARGANÖL** besticht durch seinen außergewöhnlich hohen Gehalt an Vitamin E (Tocopherol), einem der wichtigsten Radikalfänger. Zudem enthält es besonders viele ungesättigte Fettsäuren (über 80 %), die den Cholesterinspiegel positiv beeinflussen, und Stoffe, die Pilze und Bakterien wirksam bekämpfen. Wie wertvoll Arganöl ist, wusste man in Marokko schon vor Jahrhunderten: Hier wurde es nicht nur zum Kochen und Würzen verwendet, sondern auch als medizinisches Wund- und Heilmittel. Leider ist die Herstellung des Öls extrem mühsam und erfolgt auch heute noch meist in Handarbeit.
Das schlägt sich auf den Preis nieder – aber die Anschaffung lohnt sich in jedem Fall!

Bohnensalat

mit Radicchio, Walnüssen und Oliven

Zutaten für 4 Personen:

Für die Vinaigrette:

1 Schalotte

125 ml Gemüsebrühe

2 EL Rotweinessig

½ TL scharfer Senf

3 EL mildes Olivenöl

2 EL Petersilien-, Basilikum- und Kerbelblätter (frisch geschnitten)

Salz · Pfeffer aus der Mühle

Zucker

Für den Salat:

300 g grüne Bohnen · Salz

1 Kopf Radicchio

150 g kleine Cocktailtomaten (oder Datteltomaten)

1 Zweig Rosmarin

1 EL mildes Olivenöl

1 Knoblauchzehe (halbiert)

Pfeffer aus der Mühle

4 EL Walnüsse

50 g schwarze Oliven (entsteint)

Kräuterblätter zum Garnieren

1 Für die Vinaigrette die Schalotte schälen, in feine Würfel schneiden und mit der Brühe, dem Essig und dem Senf verrühren. Das Olivenöl langsam dazugießen und unterrühren. Die Kräuter hinzufügen und die Vinaigrette mit Salz, Pfeffer und 1 Prise Zucker würzen.

2 Für den Salat die Bohnen putzen, waschen und schräg in 3 cm lange Stücke schneiden. In Salzwasser fast weich kochen, kalt abschrecken und auf einem Sieb abtropfen lassen. Den Radicchio putzen, waschen, trocken schleudern und die Blätter in mundgerechte Stücke zupfen.

3 Die Cocktailtomaten waschen und halbieren. Den Rosmarin waschen und trocken schütteln. Das Olivenöl in einer Pfanne erhitzen und die Tomaten mit dem Knoblauch und dem Rosmarin darin bei milder Hitze 2 Minuten anbraten, mit Salz und Pfeffer würzen.

4 Die Bohnen mit dem Radicchio, den Walnüssen und den Oliven in eine Schüssel geben und gut mit der Vinaigrette vermischen. Den Bohnensalat auf Tellern anrichten, die Cocktailtomaten darauf verteilen und mit den Kräuterblättern garnieren.

Tipp

Je frischer die Walnüsse sind, desto milder ist ihr Geschmack. Je nach Vorliebe können Sie aber auch andere Nüsse oder geröstete Mandeln, Pinien- oder Kürbiskerne unter den Bohnensalat mischen.

Nicht nur optisch ein Genuss: Der violettrote **RADICCHIO** gehört zu den Verwandten des Chicorées und besitzt auch dessen typischen leicht bitteren Geschmack. Verantwortlich dafür ist vor allem der Bitterstoff Intybin, dem eine stoffwechselfördernde Wirkung zugeschrieben wird. Übrigens: Wenn Sie die Blätter kurz in lauwarmes Wasser legen, schmecken sie weniger bitter.

Wer sein Herz gesund halten möchte, sollte **WALNÜSSE** knabbern. Sie enthalten zwar wie die meisten Nüsse relativ viel Fett, allerdings besteht dieses zu 70 % aus essenziellen Fettsäuren, die für uns lebensnotwendig sind und unter anderem erhöhte Cholesterinwerte senken und das Herz kräftigen. Durch ihren hohen Gehalt an Mineralstoffen und Spurenelementen, wie Magnesium, Eisen, Selen, Zink und Kupfer, sowie Vitamin E und B-Vitaminen stärken Walnüsse außerdem das Nervenkostüm.

Spargelsalat
mit Koriander und Lachs

Zutaten für 4 Personen:

2 EL Korianderkörner

je 250 g weißer und grüner Spargel

150 g Egerlinge (oder weiße Champignons)

½ Zucchino (150 g)

2 Orangen

1 TL Puderzucker

125 ml Gemüsebrühe

1 Msp. abgeriebene unbehandelte Orangenschale

1–2 EL Apfelessig

½ TL scharfer Senf

4 EL mildes Olivenöl

Salz · Pfeffer aus der Mühle

Zucker

2 TL Öl

12 Scheiben Räucherlachs (oder gebeizter Lachs)

1 Den Koriander in einer beschichteten Pfanne ohne Fett rösten, bis er zu duften beginnt. Abkühlen lassen und in eine Gewürzmühle füllen.

2 Den weißen Spargel schälen und die holzigen Enden abschneiden. Den grünen Spargel waschen und nur im unteren Drittel schälen, ebenfalls die holzigen Enden abschneiden. Den Spargel längs halbieren und schräg in 5 cm lange Stücke schneiden. Die Egerlinge putzen, trocken abreiben und halbieren. Den Zucchino putzen, waschen und schräg in etwa 4 mm dicke Scheiben schneiden. Die Orangen mit einem scharfen Messer so großzügig schälen, dass auch die weiße Haut mit entfernt wird, und die Filets aus den Trennhäuten schneiden. Den dabei austretenden Saft auffangen, die Orangenreste ausdrücken.

3 Den Puderzucker in einer tiefen Pfanne bei milder Hitze hell karamellisieren, den Spargel einige Minuten darin andünsten. Die Brühe angießen und den Spargel knapp unter dem Siedepunkt 6 bis 8 Minuten bissfest garen. In ein Sieb abgießen und den Sud auffangen. Den Sud mit Orangensaft und -schale, Essig, Senf und Olivenöl mit dem Stabmixer verrühren, mit Salz, Pfeffer und Zucker würzen.

4 Die Pilze in einer Pfanne in 1 TL Öl bei mittlerer Hitze anbraten. Mit Salz und Pfeffer würzen und herausnehmen. Die Zucchinischeiben im restlichen Öl braten und ebenfalls mit Salz und Pfeffer würzen. Spargel mit Pilzen, Zucchino, Orangenfilets und der Marinade mischen, eventuell etwas nachwürzen. Den Salat auf Teller verteilen und etwas Koriander aus der Mühle darübermahlen. Die Lachsscheiben daneben anrichten.

KORIANDER zählt zu den ältesten Gewürzen überhaupt und ist bis heute ein fester Bestandteil der orientalischen Küche. Bei uns gehört er zu den typischen Brotgewürzen. Die vollständig ausgereiften Früchte des Korianders (fälschlicherweise oft als Samen bezeichnet) werden in der Naturheilkunde bei Appetitlosigkeit, Verdauungsbeschwerden und krampfartigen Schmerzen im Magen-Darm-Bereich eingesetzt. Für ihre positive Wirkung sind ätherische Öle, Bitterstoffe und Vitamin C verantwortlich. Korianderkörner können außerdem das Bakterienwachstum hemmen.

Nicht umsonst ist die **ORANGE** die beliebteste Winterfrucht in unseren Breiten: Sie ist ein erstklassiger Vitamin-C-Lieferant und hilft uns so, die kalte Jahreszeit gesund zu überstehen. Wenn Sie Orangen nicht zum Kochen verwenden, sondern pur genießen, sollten Sie die Früchte nicht allzu pingelig schälen. In den Häuten und weißen Schalenanteilen stecken Flavonoide, die den positiven Effekt von Vitamin C noch um ein Vielfaches verstärken.

PASTA & CO.

Pastarezepte kann man nie genug haben, denn Nudeln machen glücklich und liefern dank ihrer geballten Kohlenhydrate schnelle Energie. Allerdings wären Nudeln nichts ohne ihre verführerischen Begleiter – seien es leichte Gemüsesaucen, würzige Füllungen oder deftige Ragouts. Kulinarische Dream-Teams, die jeder liebt …

Caserecce

mit Cocktailtomaten und Kopfsalatpesto

Zutaten für 4 Personen:

Für das Pesto:

80 g Kopfsalatblätter

1 EL Mandelblättchen

1 Bund Petersilie (oder 80 g Blattspinat)

Salz

½ Knoblauchzehe (geschält)

1 EL geriebener Parmesan

Zitronensaft · 60 ml Olivenöl

60 g braune Butter (siehe Tipp S. 85)

Außerdem:

400 g Caserecce (oder andere Nudeln, z. B. Penne)

Salz · 150 ml Gemüsebrühe

1 Knoblauchzehe (in Scheiben)

2 Scheiben Ingwer

3 kleine getrocknete Chilischoten

Pfeffer aus der Mühle

150 g Cocktailtomaten

1 EL Olivenöl

geriebener Parmesan zum Bestreuen

1 Für das Pesto die Salatblätter waschen und trocken schleudern. Die Mandelblättchen in einer beschichteten Pfanne ohne Fett goldbraun rösten und abkühlen lassen. Die Petersilie waschen, trocken schütteln und die Blätter abzupfen. In kochendem Salzwasser 2 Minuten blanchieren, in ein Sieb abgießen, kalt abschrecken und mit den Händen gut ausdrücken.

2 Die Salatblätter, die Petersilie, den Knoblauch, den Parmesan, die Mandeln, etwas Zitronensaft, das Olivenöl und die braune Butter im Küchenmixer pürieren. Das Pesto mit Salz abschmecken.

3 Die Caserecce in reichlich kochendem Salzwasser 3 Minuten kürzer, als in der Packungsanweisung angegeben, garen, dabei gelegentlich umrühren. In ein Sieb abgießen, kurz abtropfen lassen und wieder in den Topf geben. Die Brühe, den Knoblauch, den Ingwer und die Chilis dazugeben und kurz erhitzen. Das Kopfsalatpesto untermischen, die ganzen Gewürze wieder entfernen und die Nudeln mit Pfeffer würzen.

4 Die Cocktailtomaten waschen und halbieren. Das Olivenöl in einer Pfanne erhitzen und die Tomaten darin bei milder Hitze erwärmen. Mit Salz und Pfeffer würzen. Die Nudeln mit den Cocktailtomaten auf vorgewärmten Pastatellern anrichten und mit Parmesan bestreut servieren.

Hier kommt **KOPFSALAT** einmal ganz anders auf den Tisch – und wird so garantiert auch Grünzeugmuffel überzeugen. Dabei gibt es viele gute Gründe für Kopfsalat: Er ist sehr kalorienarm (weil er reichlich Wasser enthält), liefert aber gleichzeitig viele Ballaststoffe. Vor allem die äußeren dunkleren Blätter sind reich an Vitamin C, B-Vitaminen, Betacarotin und Vitamin K. Letztere benötigen übrigens Fett, um vom Körper aufgenommen zu werden. Da ist dieses Pesto-Rezept perfekt!

NUDELN machen glücklich, sie sind der Stimmungsaufheller schlechthin, denn sie sind reich an Kohlenhydraten und bringen Nerven und Muskelzellen in Schwung.

Makkaroni

mit Kartoffeln und Bohnen

Zutaten für 4 Personen:

2 mittelgroße festkochende Kartoffeln

4 EL Öl

800 g Saubohnen · Salz

100 g gekochter Hinterschinken

80 g schwarze Oliven (entsteint)

400 g Makkaroni

150 ml Gemüsebrühe

200 g stückige Tomaten (aus der Dose)

2 Knoblauchzehen (halbiert)

2 Scheiben Ingwer

1 Zweig Rosmarin

je 1 Streifen unbehandelte Zitronen- und Orangenschale

3 EL mildes Olivenöl

1 EL gemischte Kräuterblätter (frisch geschnitten; z. B. Basilikum, Kerbel, Petersilie)

1 Die Kartoffeln schälen, waschen und in etwa 1/2 cm große Würfel schneiden. Das Öl in einer Pfanne erhitzen und die Kartoffelwürfel darin bei milder Hitze 5 bis 10 Minuten anbraten. Herausnehmen und auf Küchenpapier abtropfen lassen.

2 Die Saubohnenkerne aus den Hülsen pellen und von den Kernen die äußeren Schalen entfernen. Die Bohnenkerne in kochendem Salzwasser 1 bis 2 Minuten blanchieren, in ein Sieb abgießen und kurz abtropfen lassen. Den Schinken in 1/2 cm große Würfel schneiden. Die Oliven halbieren.

3 Die Makkaroni in reichlich kochendem Salzwasser 3 Minuten kürzer, als in der Packungsanweisung angegeben, garen, dabei gelegentlich umrühren. In ein Sieb abgießen und abtropfen lassen.

4 Die Brühe in einer tiefen Pfanne mit Tomaten, Knoblauch, Ingwer, gewaschenem Rosmarin, Zitronen- und Orangenschale erwärmen. Die Nudeln mit den Bohnenkernen hinzufügen und darin erhitzen. Dann die Schinken- und Kartoffelwürfel sowie die Oliven dazugeben. Die ganzen Gewürze wieder entfernen. Das Olivenöl unter die Makkaroni rühren und kurz vor dem Servieren die Kräuter unterheben.

Tipp

Wer sich das Pulen der Saubohnenkerne aus den Hülsen sparen möchte, kann statt der frischen auch einfach 150 g tiefgekühlte Bohnen verwenden.

SAUBOHNEN sind ein hervorragender Eiweißlieferant und sollten deshalb häufiger auf dem Speiseplan stehen. Vollgepackt mit komplexen Kohlenhydraten (Stärke) und Ballaststoffen, sorgen sie für ein lang anhaltendes Sättigungsgefühl, ohne sich negativ auf den Blutzuckerspiegel auszuwirken. Der hohe Ballaststoffanteil ist aber auch verantwortlich für die vermehrte Gasproduktion im Darm, bei der die unverdaulichen Kohlenhydrate von den Darmbakterien in Gase verstoffwechselt werden. Diesen Blähungen kann man jedoch durch die Zugabe von verdauungsfördernden Gewürzen (wie etwa Basilikum) vorbeugen.

Nudelfleckerl

mit gemischten Pilzen und Spitzkohl

Zutaten für 4 Personen:

400 g Nudelfleckerl (aus dem Kühlregal)

Salz

3 EL mildes Olivenöl

¼ Spitzkohl (oder junger Weißkohl)

250 g gemischte Pilze (z. B. Steinpilze, Pfifferlinge, Champignons)

1 Knoblauchzehe (geschält)

½–1 TL ganzer Kümmel

1 Streifen unbehandelte Zitronenschale

½–1 TL getrockneter Majoran

1 TL Paprikapulver (edelsüß)

1 EL Öl

gemahlener Kümmel

½ TL abgeriebene unbehandelte Zitronenschale

Pfeffer aus der Mühle

1 EL Petersilienblätter (frisch geschnitten)

200 ml Gemüsebrühe

1 kleine getrocknete Chilischote

2 EL braune Butter (siehe Tipp S. 85)

1 Die Nudelfleckerl nach Packungsanweisung in reichlich kochendem Salzwasser 1 bis 2 Minuten sehr bissfest garen, dabei gelegentlich umrühren. In ein Sieb abgießen und kurz abtropfen lassen. Auf einem Backblech verteilen, etwas abdampfen lassen und mit dem Olivenöl beträufeln.

2 Den Spitzkohl putzen, waschen und in etwa gleich große Rauten schneiden. Die Pilze putzen, trocken abreiben und klein schneiden. Knoblauch, ganzen Kümmel, Zitronenschale und Majoran mischen und klein hacken. Das Paprikapulver in einem kleinen Schälchen mit wenig kaltem Wasser glatt rühren.

3 In einer großen Pfanne 1 TL Öl erhitzen und die Pilze darin bei mittlerer Hitze anbraten. Mit 1 Prise gemahlenem Kümmel, der Zitronenschale, Salz und Pfeffer würzen, zum Schluss die Petersilie darüberstreuen und die Pilze aus der Pfanne nehmen. Das restliche Öl in der Pfanne erhitzen und die Spitzkohlrauten darin anbraten.

4 Die Brühe angießen, die Chilischote dazugeben und die vorbereitete Gewürzmischung und das angerührte Paprikapulver unterrühren. Die vorgekochten Nudeln darin einige Minuten fertig garen, bis sie die Flüssigkeit fast vollständig aufgenommen haben. Die Chilischote wieder entfernen, die Pilze dazugeben und die Nudelfleckerl mit der braunen Butter verfeinern.

SPEISEPILZE geizen mit Kalorien und enthalten kaum Kohlenhydrate und Fett – dafür warten sie mit einer Reihe von unentbehrlichen Aminosäuren (Eiweißbausteinen) auf. Außerdem stecken sie vom Hut bis zum Stiel voller B-Vitamine (wie Niacin, Biotin, Folsäure und Pantothensäure) und Vitamin D: ein idealer Mix gegen Müdigkeit und Konzentrationsschwäche. Auch mit Mineralstoffen werden Liebhaber von Pilzen gut versorgt, denn diese enthalten viel Kalium, Eisen, Kupfer und Mangan. Pilze sollten Sie nur gegart essen, denn sie können Schädlinge und Schadstoffe enthalten, die auf diese Weise vernichtet werden. Dies gilt nicht für Zuchtpilze wie Champignons: Sie sind auch roh ein gesunder Genuss.

Schwarze Bandnudeln

mit Calamaretti, Lavendel und Fenchel

Zutaten für 4 Personen:

500 g Calamaretti (kleine Tintenfische)

je 1 gelbe und orangefarbene Karotte

1 kleiner Zucchino

Salz

350 g schwarze Bandnudeln

120 ml Gemüsebrühe

1–2 TL Öl

½ TL Fenchelsamen

einige Lavendelblüten (aus der Apotheke)

2 Knoblauchzehen (in Scheiben)

½ TL abgeriebene unbehandelte Zitronenschale

1 EL Petersilienblätter (frisch geschnitten)

Pfeffer aus der Mühle

2 EL Olivenöl

1 Kopf und Arme der Calamaretti mit den Innereien aus dem Körperbeutel ziehen und das durchsichtige Fischbein entfernen. Den Kopf von den Tintenfischarmen abtrennen und darauf achten, dass dabei auch der harte »Schnabel« entfernt wird. Von den Körperbeuteln die braunviolette Haut abziehen, die Beutel längs aufschneiden und die restlichen Innereien entfernen. Tintenfischbeutel und -arme unter fließendem kaltem Wasser waschen und trocken tupfen. Die Beutel in 3 cm große Stücke schneiden und die Arme halbieren.

2 Die Karotten putzen und schälen, den Zucchino putzen und waschen. Mit dem Kugelausstecher aus dem Gemüse kleine Kugeln stechen. Die Karotten- und Zucchinikugeln getrennt in kochendem Salzwasser blanchieren, in ein Sieb abgießen, kalt abschrecken und abtropfen lassen.

3 Die Bandnudeln in reichlich kochendem Salzwasser 3 Minuten kürzer, als in der Packungsanweisung angegeben, garen, dabei gelegentlich umrühren. In ein Sieb abgießen und abtropfen lassen. Die Brühe erhitzen und die Nudeln darin fertig garen, bis sie die Flüssigkeit fast vollständig aufgenommen haben.

4 Das Öl in einer Pfanne erhitzen und die Tintenfischstücke darin mit den Fenchelsamen und dem Lavendel 1 Minute rundum anbraten. Den Knoblauch, die Zitronenschale und die Petersilie dazugeben, mit Salz und Pfeffer würzen.

5 Die Tintenfischstücke mit den Gemüsekugeln unter die Bandnudeln mischen und mit dem Olivenöl beträufeln. In vorgewärmten Pastatellern anrichten.

Bei uns sind **ZUCCHINI** zwar als typisches Mittelmeergemüse bekannt, doch ursprünglich stammen sie aus Westindien und Mexiko. Das gurkenähnliche Gemüse ist reich an Betacarotin, das vor allem in der Schale sitzt. Außerdem versorgen uns Zucchini mit Vitamin C und Folsäure, die bei sämtlichen Wachstums- und Entwicklungsprozessen im menschlichen Körper eine entscheidende Rolle spielt.

TINTENFISCH ist ideal für die leichte Wohlfühlküche, denn er belastet kaum das Kalorienkonto. Der eiweiß- und jodreiche Meeresbewohner gilt als der zweitmagerste unter den Fischen. Hier wird er mit knackigem vitaminreichem Gemüse und Nudeln als »Glücklichmacher« kombiniert: ein Paradebeispiel dafür, wie genussvoll man seinen Nährstoffbedarf decken kann.

Erbsenravioli

mit Morcheln und Spargel

Zutaten für 4 Personen:

Für den Teig und die Füllung:

300 g doppelgriffiges Mehl

120 g Hartweizengrieß · 4 Eier

3 EL mildes Olivenöl · Salz

2 Kartoffeln (ca. 250 g)

1/4 l Gemüsebrühe

1/2 kleines Lorbeerblatt

1 kleine getrocknete Chilischote

1/2 Knoblauchzehe (geschält)

400 g grüne Erbsen (blanchiert) · Cayennepfeffer

frisch geriebene Muskatnuss

1 EL braune Butter (siehe Tipp S. 85)

Mehl zum Ausrollen · 2 Eiweiß

Für das Gemüse:

200 g kleine Morcheln

250 g weißer Spargel

1/2 TL Puderzucker

150 ml Gemüsebrühe

Salz · Pfeffer aus der Mühle

1 Msp. abgeriebene unbehandelte Zitronenschale

1 EL Sherry (medium)

1 EL Butter

1–2 TL braune Butter

1 EL Minzeblätter (frisch geschnitten)

1 Für den Teig Mehl, Grieß, Eier, Olivenöl und 1 Prise Salz zu einem glatten, elastischen Nudelteig verkneten. In Frischhaltefolie gewickelt 30 Minuten kühl stellen. Für die Füllung die Kartoffel schälen, klein würfeln und in der Brühe mit Lorbeerblatt, Chili und Knoblauch etwa 20 Minuten weich kochen. Gewürze entfernen, Erbsen dazugeben und einige Minuten ziehen lassen. Durch ein Sieb gießen. Das Gemüse im Blitzhacker pürieren und durch ein Sieb streichen. Eventuell etwas Kochflüssigkeit dazugeben und die Masse mit Salz, je 1 Prise Cayennepfeffer und Muskatnuss sowie brauner Butter würzen. Die Masse in einen Spritzbeutel mit Lochtülle füllen.

2 Den Nudelteig vierteln und zu 4 dünnen, langen Teigplatten ausrollen, dabei mit etwas Mehl bestäuben. 2 Platten mit verquirltem Eiweiß bestreichen, die Füllung als Häufchen im Abstand von 2 bis 3 cm daraufspritzen, die beiden restlichen Teigplatten locker darüberlegen und mit den Fingern rund um die Füllung andrücken. Mit einem runden Ausstecher (etwa 4 cm Ø) Ravioli ausstechen. Die Ränder ohne Luftblasen verschließen.

3 Für das Gemüse die Morcheln gründlich waschen und abtropfen lassen. Den Spargel schälen und die holzigen Enden abschneiden. Die Stangen längs halbieren und in 4 cm lange Stücke schneiden. Bei milder Hitze im Puderzucker andünsten, die Brühe hinzufügen und etwa 10 Minuten bissfest garen. Die Morcheln dazugeben, mit Salz, Pfeffer, Zitronenschale und Sherry würzen. Die Ravioli in leicht siedendem Salzwasser 3 Minuten ziehen lassen und zum Gemüse geben. Butter, braune Butter und Minze hinzufügen und Ravioli und Gemüse darin wenden. Mit Pfeffer bestreut servieren.

Wie viele andere Pilze enthalten auch **MORCHELN** reichlich fettlösliches Vitamin D. Dieses kann der Körper zwar in den Hautzellen selbst bilden, aber nur mithilfe des Sonnenlichts. Deshalb sind Pilze (auch Zucht- und Kulturpilze) speziell in der düsteren und kalten Jahreszeit besonders wertvolle Lebensmittel. Vitamin D ist wichtig, um die Knochen stabil zu halten. Außerdem enthalten Morcheln Eisen und Kupfer, die dafür sorgen, dass ausreichend rote Blutkörperchen gebildet werden können.

Einst als Armeleuteessen verpönt, sind **ERBSEN** auch in der feinen Küche längst salonfähig geworden. Zum Glück, denn die kleinen Hülsenfrüchte sind wahre Nährstoffpakete, vollgepackt mit Eiweiß und daher ideal für den Zell- und Muskelaufbau. Außerdem sorgen sie für ein lang anhaltendes Sättigungsgefühl, denn sie sind reich an Ballaststoffen und halten so auch den Darm in Schwung. Zu den »Fitmachern«, die in den Erbsen stecken, gehören außerdem Saponine: sekundäre Pflanzenstoffe, die das Immunsystem stärken, den Cholesterinspiegel senken und das Risiko reduzieren, an Darmkrebs zu erkranken.

Chilitortelli

mit Hähnchen-Curry-Füllung

Zutaten für 4 Personen:

Für den Teig:

2 TL Puderzucker

80 g Tomatenmark

2 gestr. EL milde Chiliflocken

100 ml kräftiger Rotwein

280 g Mehl

120 g Hartweizengrieß

2 Eier · 4 EL Olivenöl

Salz · Mehl zum Ausrollen

Für die Füllung:

4 Hähnchenkeulen (ca. 1 kg)

1 kleine Zwiebel · ½ Apfel

1 EL Öl · 1 EL Currypulver

1 Knoblauchzehe (halbiert)

2 Scheiben Ingwer

1 Streifen unbehandelte Zitronenschale

Salz · 100 ml Kokosmilch

Cayennepfeffer

Außerdem:

1 verquirltes Ei · Salz

50 g Butter (oder braune Butter; siehe Tipp S. 85)

1 Knoblauchzehe (halbiert)

2 Scheiben Ingwer

1 TL getrocknete milde Chilischoten (geschrotet)

1 Für den Teig den Puderzucker in einem Topf bei mittlerer Hitze hell karamellisieren. Das Tomatenmark und die Chiliflocken unterrühren und 1 bis 2 Minuten anrösten. Mit dem Wein ablöschen und sämig einköcheln lassen. In eine Schüssel füllen und abkühlen lassen. Mehl, Grieß, Eier, Olivenöl, 1 Prise Salz und 8 EL der Tomatenmasse zu einem glatten, festen Nudelteig verkneten. In Frischhaltefolie gewickelt 30 Minuten kühl stellen.

2 Für die Füllung die Hähnchenkeulen waschen, trocken tupfen, enthäuten und entbeinen. Das Fleisch in ½ cm große Würfel schneiden. Zwiebel schälen. Apfel schälen, entkernen und wie die Zwiebel in kleine Würfel schneiden. Beides in einer Pfanne im Öl bei mittlerer Hitze andünsten. Das Fleisch dazugeben und 2 bis 3 Minuten mitbraten. Mit Curry bestäuben, ganze Gewürze hinzufügen und leicht mit Salz würzen. Kokosmilch dazugeben und fast vollständig einköcheln lassen. Die Füllung mit Salz, 1 Prise Cayennepfeffer und nach Belieben mit Zitronensaft würzen. Auskühlen lassen, ganze Gewürze entfernen.

3 Den Nudelteig vierteln und zu 4 dünnen, langen Teigplatten ausrollen, dabei mit etwas Mehl bestäuben. 2 Platten mit dem verquirlten Ei bestreichen und je 1 bis 2 TL Füllung im Abstand von etwa 4 cm daraufsetzen. Die beiden restlichen Teigplatten locker darüberlegen und mit den Fingern rund um die Füllung andrücken. Mit einem runden Ausstecher (7 cm Ø) Tortelli ausstechen. Die Ränder ohne Luftblasen verschließen. Die Tortelli in leicht siedendem Salzwasser 4 bis 5 Minuten garen. Butter in einer Pfanne zerlassen, Knoblauch und Ingwer dazugeben, mit Chili würzen. Die Tortelli darin wenden und servieren.

Zur Herstellung von **TOMATENMARK** werden reife Tomaten entkernt, geschält und passiert. Der Tomatenmasse wird ein Großteil des Safts entzogen, bevor man sie schließlich ungewürzt in Tuben oder Dosen abfüllt. Bei der Verarbeitung wird durch das Erhitzen des Gemüses der Farbstoff Lycopin freigesetzt – das ist der Grund dafür, dass Tomatenmark um ein Vielfaches mehr an diesem Radikalfänger enthält als frische Tomaten. Das gilt übrigens auch für Tomatenketchup.

»An apple a day, keeps the doctor away!« Diese Volksweisheit sollte man sich durchaus zu Herzen nehmen, denn ein **APFEL** ist nicht nur ein kalorienarmer Snack, sondern stärkt auch die Immunabwehr. In ihm steckt viel Vitamin C, einer der wirkungsvollsten Radikalfänger. Aber auch wer seine Verdauung auf Vordermann bringen will, sollte regelmäßig Äpfel essen: Sie enthalten reichlich Ballaststoffe in Form von Pektin und Zellulose, die vor allem in der Schale sitzen. Greifen Sie also möglichst zu Bioäpfeln, die weder gespritzt noch gewachst sind und man die Schale deshalb ohne Bedenken mitessen kann.

Cannelloni

mit Chili con Carne und Tomatensauce

Zutaten für 4 Personen:

1 festkochende Kartoffel

½ Zwiebel

1–2 EL Olivenöl

300 g grobes Rinderhackfleisch

1 EL Tomatenmark

1 EL Tomatenketchup

ca. 600 ml Geflügelbrühe

1 Lorbeerblatt

1 rote Paprikaschote

1 rote Chilischote

1 Scheibe Ingwer (geschält)

1 Knoblauchzehe (in Scheiben)

gemahlener Kreuzkümmel und Koriander

getrockneter Oregano

Zimtpulver

½ TL abgeriebene unbehandelte Zitronenschale

Salz · 100 g rote Bohnen (aus der Dose)

200 g stückige Tomaten (aus der Dose)

Butter für die Form

16 Cannelloni

80 g geriebener gut schmelzender Käse (z.B. Emmentaler)

1 Die Kartoffel schälen, waschen und in 1 cm große Würfel schneiden. Die Zwiebel schälen, in feine Würfel schneiden und in einem breiten Topf in 1 TL Olivenöl bei mittlerer Hitze andünsten. Das Hackfleisch dazugeben und unter gelegentlichem Rühren anbraten. Tomatenmark und Ketchup hinzufügen und kurz mitbraten. So viel Brühe angießen, dass das Fleisch gut bedeckt ist. Das Hackfleisch bei milder Hitze gut 1 Stunde sanft köcheln lassen. Nach 30 Minuten Kartoffelwürfel und Lorbeerblatt dazugeben.

2 Inzwischen die Paprika längs halbieren, entkernen, waschen und in kleine Würfel schneiden. Die Chilischote längs halbieren, entkernen, waschen und wie den Ingwer ebenfalls klein schneiden. Knoblauch, Ingwer, Chili und jeweils 1 Prise Kreuzkümmel, Koriander, Oregano, Zimt sowie die Zitronenschale und das restliche Olivenöl im Mörser zu einer Paste verarbeiten. Das Hackfleisch mit der Paste und Salz würzen. Die abgetropften Bohnen mit der Hälfte der Dosentomaten und den Paprikawürfeln hinzufügen und alles knapp unter dem Siedepunkt etwa 5 Minuten ziehen und etwas abkühlen lassen. In ein Sieb abgießen und den Sud auffangen. Die restlichen Dosentomaten mit dem Stabmixer unter den Sud rühren. Das Chili con Carne eventuell mit Salz würzen.

3 Den Backofen auf 160 °C vorheizen. Eine große Auflaufform einfetten. Die Cannelloni mit dem Chili con Carne füllen und nebeneinander in die Form legen. Die Tomatensauce darüber verteilen und zugedeckt im Ofen auf der mittleren Schiene etwa 30 Minuten garen. Dann die Cannelloni mit Käse bestreuen und im Ofen etwa 5 Minuten überbacken.

KNOBLAUCH gibt vielen Gerichten eine würzige Schärfe und ist gegen allerlei Beschwerden ein wahres Wundermittel. Am besten verwenden Sie Knoblauch fein gehackt oder geschnitten. Denn erst durch das Zerkleinern und den Kontakt mit Sauerstoff werden seine heilsamen Substanzen (wie Aliin und Saponine) aktiviert. Zu langes Braten mag er nicht – dann schmeckt der Knoblauch bitter. Und damit die kleinen Zehen die Gerichte nicht zu stark dominieren, sollte man sie am besten in Kombination mit Ingwer verwenden.

Achtung, feurig! **CHILISCHOTEN** stammen ursprünglich aus Süd- und Mittelamerika, inzwischen sind sie aber auch aus unseren Küchen nicht mehr wegzudenken. Die kleinen Schoten sind umso schärfer, je mehr Capsaicin sie enthalten. Dieser Inhaltsstoff wirkt nicht nur appetitanregend und verdauungsfördernd, sondern steigert auch die Durchblutung und stimuliert im Gehirn die Ausschüttung von Endorphinen, sogenannten »Glücksstoffen«: kein Wunder also, dass Chilischoten von jeher auch als Aphrodisiakum gelten.

Bärlauchravioli

mit Spinat und Frischkäse

Zutaten für 4 Personen:

Für den Teig:

300 g doppelgriffiges Mehl

120 g Hartweizengrieß

4 Eier

3 EL mildes Olivenöl

Salz

Mehl zum Ausrollen

2 Eiweiß

2 EL Butter

Pfeffer aus der Mühle

Für die Füllung:

½ kleine Zwiebel

1 EL Öl

200 g Blattspinat

100 g Bärlauch (oder je nach Saison andere Kräuter wie Petersilie, Kerbel, Estragon oder Dill)

Salz · 250 g Frischkäse

2 Eigelb

½ TL abgeriebene unbehandelte Orangenschale

Pfeffer aus der Mühle

frisch geriebene Muskatnuss

Cayennepfeffer

1 Für den Teig Mehl, Grieß, Eier, Olivenöl und 1 Prise Salz zu einem glatten, elastischen Nudelteig verkneten. In Frischhaltefolie gewickelt 30 Minuten kühl stellen.

2 Für die Füllung die Zwiebel schälen, in feine Würfel schneiden und im Öl bei mittlerer Hitze andünsten. Den Spinat und den Bärlauch verlesen, gründlich waschen und abtropfen lassen, grobe Stiele entfernen. Die Spinatblätter in kochendem Salzwasser 3 Minuten blanchieren. In ein Sieb abgießen, kalt abschrecken, abtropfen lassen, mit den Händen gut ausdrücken und fein hacken.

3 Den Bärlauch fein hacken, mit Spinat, Frischkäse, Eigelben, Zwiebel und Orangenschale vermischen. Die Masse mit Salz, Pfeffer und jeweils 1 Prise Muskatnuss und Cayennepfeffer würzen und in einen Spritzbeutel mit Lochtülle (8 bis 10 mm Ø) füllen.

4 Den Nudelteig vierteln und mit der Nudelmaschine oder dem Nudelholz zu 4 dünnen, langen Teigplatten ausrollen, dabei mit etwas Mehl bestäuben. 2 Teigplatten mit verquirltem Eiweiß bestreichen, die Füllung im Abstand von 2 bis 3 cm als Häufchen daraufspritzen, die beiden restlichen Teigplatten locker darüberlegen und mit den Fingern rund um die Füllung andrücken. Mit einem Teigrad Quadrate ausschneiden und die Ränder ohne Luftblasen verschließen.

5 Die Ravioli in leicht siedendem Salzwasser 3 Minuten ziehen lassen, mit dem Schaumlöffel herausnehmen und in einer Pfanne in der Butter wenden. In vorgewärmten Pastatellern anrichten und mit Pfeffer bestreuen.

Während in südlichen Ländern Spinat gern mit Knoblauch zubereitet wird, verwendet man hierzulande **MUSKATNUSS** als klassisches Spinatgewürz. Die Muskatnuss enthält ätherische Öle, die ihren würzigen, leicht bitteren und brennenden Geschmack ausmachen. In geringer Dosierung wirken diese Öle appetitanregend und verdauungsfördernd, sie helfen bei Blähungen, Durchfall und Übelkeit und töten unliebsame Bakterien im Magen-Darm-Trakt. Große Mengen Muskatnuss hingegen können zu Vergiftungserscheinungen führen!

Ohne ihn wären italienische Nudeln nur halb so gut – und wer Nudeln selber machen will, kommt ohnhin nicht an ihm vorbei. **WEIZENGRIESS** wird durch Mahlen von Hartweizen gewonnen; man unterscheidet feine, mittlere und grobe Körner. Grieß hat einen hohen Eiweißgehalt und liefert zudem Mangan und Phosphor, die im Körper an wichtigen Stoffwechselprozessen beteiligt sind.

Kürbisrisotto

mit Kaffee-Amaretti-Gewürz

Zutaten für 4 Personen:

1–2 EL Amaretti (ital. Mandelkekse)

½ TL Kaffeepulver (fein gemahlener Kaffee)

Zimtpulver

gemahlener Kardamom

½ Zwiebel

500 g Muskatkürbis

2 EL Butter

300 g Risottoreis (z. B. Arborio, Carnaroli, Vialone nano)

80 ml Weißwein

750 ml–1 l heiße Geflügelbrühe

½ Knoblauchzehe

½ Vanilleschote

40 g geriebener Parmesan

Salz · Cayennepfeffer

1 Für die Gewürzmischung die Amaretti in einen Gefrierbeutel füllen und mit dem Nudelholz fein zerbröseln. Mit dem Kaffeepulver sowie je 1 Prise Zimt und Kardamom mischen.

2 Die Zwiebel schälen und in feine Würfel schneiden. Den Kürbis schälen, mit einem Löffel die Kerne entfernen und das Kürbisfleisch in 1 cm große Würfel schneiden.

3 In einem breiten Topf 1 EL Butter erhitzen und die Zwiebel- und Kürbiswürfel darin bei milder Hitze andünsten. Den Reis hinzufügen und ebenfalls glasig dünsten. Den Wein dazugießen und einkochen lassen. Unter häufigem Rühren immer wieder etwas Brühe angießen und bei milder Hitze einkochen lassen, bis die Reiskörner nach 15 bis 20 Minuten weich sind, aber noch Biss haben.

4 Nach etwa 15 Minuten Knoblauch und Vanilleschote in den Risotto geben und wieder entfernen, sobald der Reis fertig ist. Die restliche Butter und den Parmesan unterrühren und den Risotto mit Salz und 1 Prise Cayennepfeffer würzen.

5 Den Kürbisrisotto auf vorgewärmte tiefe Teller verteilen und vor dem Servieren mit etwas Kaffee-Amaretti-Gewürz bestreuen.

Tipp

Sie können das Kaffee-Amaretti-Gewürz auch am Ende der Garzeit unter den Risotto mischen. Allerdings sollten Sie die Gewürzmischung vorsichtig dosieren und gegebenenfalls lieber noch nachwürzen.

Arborio, Carnaroli und Vialone nano sind keine italienischen Designer, sondern verschiedene Sorten von **RISOTTOREIS**. Dieser Rund- oder Mittelkornreis wird hauptsächlich in Norditalien angebaut. Die Körner können beim Garen eine große Menge Flüssigkeit aufnehmen, bleiben dabei im Kern aber bissfest. Wie andere Getreideprodukte reinigt und beruhigt Reis mit seinen Ballaststoffen und leicht verdaulichen Kohlenhydraten einen sensiblen Darm. Außerdem sind alle Reissorten glutenfrei und eignen sich deshalb auch für all jene, die an einer Unverträglichkeit dieses Getreideeiweißes leiden (Zöliakie).

Käsefans werden sich freuen: **PARMESAN** gilt als eine der besten Kalziumquellen, da er kaum Wasser enthält und somit Kalzium in konzentrierter Form liefert. Mit nur 100 g des italienischen Hartkäses decken Sie mehr als den Tagesbedarf an diesem wichtigen Mineralstoff, der unter anderem für starke Knochen und Zähne sorgt.

Cremiger Risotto

mit Lauch und Steinpilzen

Zutaten für 4 Personen:

200 g Lauch (möglichst grün)

Salz · ca. 100 ml Milch

200 g feste Steinpilze

½ kleine Zwiebel

1 EL Olivenöl

150 g Risottoreis (z.B. Arborio, Carnaroli, Vialone nano)

1 kleines Lorbeerblatt

2 EL Weißwein

etwas Zitronensaft

450 ml heiße Gemüsebrühe

½ Knoblauchzehe

1 Scheibe Ingwer

1 Streifen unbehandelte Zitronenschale

2 EL Butter (oder mildes Olivenöl)

1 EL geriebener Parmesan

Cayennepfeffer

1–2 TL Öl

gemahlener Kümmel

1 Msp. abgeriebene unbehandelte Zitronenschale

1 Den Lauch putzen, waschen und klein schneiden. In kochendem Salzwasser 8 bis 10 Minuten blanchieren. In ein Sieb abgießen, kalt abschrecken, abtropfen lassen und mit den Händen gut ausdrücken. Den Lauch mit der Milch mit dem Stabmixer pürieren. Die Steinpilze putzen, trocken abreiben und längs in Scheiben schneiden.

2 Die Zwiebel schälen und in feine Würfel schneiden. Das Olivenöl in einem breiten Topf erhitzen und die Zwiebelwürfel darin bei mittlerer Hitze andünsten. Den Reis dazugeben und glasig dünsten. Das Lorbeerblatt hinzufügen, mit Wein und Zitronensaft ablöschen. Unter häufigem Rühren immer wieder etwas heiße Brühe angießen und bei milder Hitze einkochen lassen, bis die Reiskörner nach 15 bis 20 Minuten weich sind, aber noch etwas Biss haben.

3 Nach etwa 15 Minuten Garzeit Knoblauch, Ingwer und Zitronenschale zum Risotto geben und wieder entfernen, sobald der Reis fertig ist. Das Lauchpüree, die Butter und den Parmesan unterrühren und den Risotto mit Salz und 1 Prise Cayennepfeffer abschmecken.

4 Das Öl in einer beschichteten Pfanne erhitzen und die Steinpilze darin bei mittlerer Hitze einige Minuten anbraten. Mit Salz, Pfeffer, 1 Prise Kümmel und Zitronenschale würzen und zuletzt unter den Risotto mischen.

Tipp

Achten Sie darauf, dass die angegossene Brühe heiß ist, damit der Garvorgang nicht unterbrochen wird und der Reis gleichmäßig quellen kann.

Der **LAUCH** ist das mildeste der Zwiebelgewächse und dennoch gespickt mit schwefelhaltigen Verbindungen, die für den typischen Geschmack und den beißenden Geruch sorgen. Diese Substanzen, Sulfide genannt, sind es, die neben verschiedenen Mineralstoffen und Vitamin C seinen hohen Gesundheitswert ausmachen. Sie regen die Verdauung an, wirken keimtötend und können einen erhöhten Cholesterinspiegel senken.

Die **MILCH** macht's! Schon jedes Kind weiß, dass Trinkmilch durch ihren hohen Gehalt an Kalzium wesentlich zur Knochenfestigung beiträgt. Außerdem hat das Milcheiweiß eine optimale Zusammensetzung und enthält alle Aminosäuren (Eiweißbausteine), die unser Körper nicht selbst produzieren kann. Und der enthaltene Milchzucker (Laktose) sorgt nicht nur für den guten Geschmack, sondern auch für eine gut funktionierende Verdauung.

Indischer Risotto

mit Riesengarnelen und Zuckerschoten

Zutaten für 4 Personen:

12 Riesengarnelen

700 ml Gemüsebrühe

½ Zwiebel

1 EL Öl

150 g Risottoreis (z.B. Arborio, Carnaroli, Vialone nano)

1 kleines Lorbeerblatt

2 EL Weißwein

1 Knoblauchzehe (geschält und halbiert)

1 Scheibe Ingwer

1 Streifen unbehandelte Zitronenschale

1 EL mildes Currypulver

1 EL Butter

1 EL braune Butter (siehe Tipp S. 85)

Salz

Cayennepfeffer

100 g Zuckerschoten

80 g Naturjoghurt

1 Den Backofen auf 130 °C Umluft vorheizen. Die Garnelen schälen, längs halbieren und den dunklen Darm entfernen. Die Garnelen waschen und trocken tupfen. Die Garnelenschalen auf einem Backblech verteilen und im Backofen 40 Minuten trocknen lassen.

2 Die Brühe erhitzen, die Garnelenschalen dazugeben und knapp unter dem Siedepunkt 20 Minuten ziehen lassen. Den Sud durch ein Sieb gießen und die Schalen entfernen.

3 Die Zwiebel schälen, in feine Würfel schneiden und in einem breiten Topf im Öl bei mittlerer Hitze andünsten. Den Reis dazugeben und glasig dünsten. Das Lorbeerblatt hinzufügen und mit dem Wein ablöschen. Unter ständigem Rühren immer wieder etwas heiße Garnelenbrühe angießen und bei milder Hitze einkochen lassen, bis die Reiskörner nach 15 bis 20 Minuten weich sind, aber noch Biss haben. Nach etwa 15 Minuten Knoblauch, Ingwer, Zitronenschale und Curry zum Risotto geben. Die ganzen Gewürze wieder entfernen, sobald der Reis fertig ist. Butter und braune Butter hinzufügen und den Risotto mit Salz und Cayennepfeffer würzen.

4 Die Zuckerschoten putzen, waschen und längs in Streifen schneiden. In kochendem Salzwasser kurz blanchieren, in ein Sieb abgießen, kalt abschrecken und abtropfen lassen.

5 In einem Topf Wasser aufkochen, salzen und vom Herd nehmen. Die Garnelen darin 2 bis 3 Minuten ziehen lassen, herausnehmen und mit den Zuckerschoten unter den Risotto mischen. Auf vorgewärmten Tellern anrichten und mit Joghurt beträufelt servieren.

Mit fettarmen Milchprodukten wie **JOGHURT** tun Sie nicht nur Ihrer Figur etwas Gutes. Das enthaltene Milcheiweiß ist schiere Muskelnahrung und das Kalzium ein Knochenstabilisator, der vor Osteoporose schützt. Das größte Gesundheitsplus steckt jedoch in den Milchsäurebakterien, die speziell in mildem oder probiotischem Joghurt enthalten sind. Sie sorgen für eine gute Verdauung und eine ausgewogene Darmflora. Außerdem vernichten sie unerwünschte Bakterien, stärken das Immunsystem und können der Entstehung von Darmkrebs entgegenwirken. Diese nützlichen Keime finden sich übrigens auch in anderen Sauermilchprodukten wie Dickmilch und in Sauerkraut.

Bei **ZUCKERSCHOTEN** handelt es sich um unreif geerntete Erbsenschoten mit zarter essbarer Hülse. Neben Vitamin K und Folsäure enthalten sie reichlich Vitamin C. Da dieses Antioxidans jedoch sehr hitzeempfindlich ist, sollte man die Schoten immer nur kurz blanchieren.

Juwelenreis

mit Hähnchenbrust und Safran

Zutaten für 4 Personen:

80 g Naturjoghurt

½ TL Speisestärke

1 EL Limettensaft

abgeriebene Schale von ½ unbehandelten Limette

Pfeffer aus der Mühle

1 TL mildes Currypulver

Cayennepfeffer (oder Chiliflocken)

2 Hähnchenbrustfilets (à 120 g)

500 ml Geflügelbrühe

1 Döschen Safranfäden (0,1 g)

1 Karotte

½ rote Paprikaschote

200 g Basmatireis

30 g Korinthen

1 TL gemahlene Kurkuma

5 grüne Kardamomkapseln

3 Splitter Zimtrinde

2 EL Mandelblättchen

2 EL ungesalzene Pistazien

Kerne von ½ kleinen Granatapfel

1 EL Öl

Salz

1 EL Butter

1 Den Joghurt mit der Speisestärke, Limettensaft und -schale, Pfeffer, Curry und 1 Prise Cayennepfeffer mischen. Die Hähnchenbrustfilets waschen, trocken tupfen und in Würfel schneiden. Mit dem Joghurt mischen und 30 Minuten ziehen lassen.

2 In einem kleinen Topf 5 EL Brühe erhitzen, vom Herd nehmen und den Safran hineinstreuen. Die Karotte putzen, schälen und in ½ cm große Würfel schneiden. Die Paprikaschote entkernen, waschen und ebenfalls in ½ cm große Würfel schneiden.

3 Den Reis in einem Sieb mit kaltem Wasser waschen und abtropfen lassen. Mit der restlichen Brühe, Korinthen, Karotte und Paprika in einen Topf geben, Kurkuma, Kardamom und Zimt unterrühren. Den Reis zugedeckt knapp unter dem Siedepunkt etwa 10 Minuten ziehen lassen. Dann vom Herd nehmen und zugedeckt weitere 5 bis 8 Minuten ausquellen lassen.

4 Die Mandelblättchen in einer beschichteten Pfanne ohne Fett goldbraun rösten und mit den Pistazien, den Granatapfelkernen und der Safranbrühe unter den Reis rühren.

5 Das Öl in einer Pfanne erhitzen und die marinierten Hähnchenbrustwürfel darin bei mittlerer Hitze 2 bis 3 Minuten rundum anbraten. Mit Salz würzen, unter den Reis mischen und 2 Minuten nachziehen lassen.

6 Kardamom und Zimt entfernen, den Reis mit Salz und 1 Prise Cayennepfeffer würzen und die Butter unterrühren.

SAFRAN würde einen Ehrenplatz im Guinnessbuch der Rekorde verdienen: Mit rund 1000 bis 1500 Euro pro Kilo ist er mit Abstand das teuerste Gewürz der Welt, gefolgt von Vanille und Kardamom. Er ist außerdem das einzige Gewürz, das jahrtausendelang als aromatische Speisezutat, Textil- und Lebensmittelfarbstoff, Duftstoff und Arzneimittel gleichermaßen geschätzt wurde. In der Küche hat Safran bei uns heute nicht mehr die gleiche große Bedeutung wie einst. Allerdings erlebt das Gewürz wegen des großen Interesses an der nahöstlichen und mediterranen Küche ein gewisses Revival.
Für das charakteristische Aroma des Safrans ist ein Bitterstoff verantwortlich, dem beruhigende und krampflösende Eigenschaften zugeschrieben werden. Am besten sollten Sie immer die getrockneten Fäden kaufen, denn gemahlener Safran könnte gefälscht ein. Damit das kostbare »Gewürzgold« sein Aroma möglichst lange behält, sollten Sie es luftdicht verschlossen und an einem kühlen, dunklen Ort lagern.

FISCH & MEERESFRÜCHTE

Nichts hat einen festen Platz in der Wohlfühlküche so verdient wie Fisch. Er schmeckt nicht nur gut und lässt sich vielfältig zubereiten, sondern liefert zudem einen wahren Powermix an wertvollen Vitalstoffen. Im Fisch stecken vor allem hochwertige Fette, die unsere Zellen schützen und Herz und Nerven stärken.

Brandade vom Räucheraal

im Kräuterpfannkuchen auf gebratenem Blumenkohl

Zutaten für 4 Personen:

Für die Pfannkuchen:

35 g Blattspinat · Salz

½ Bund gemischte Kräuterblätter (frisch geschnitten)

125 ml Milch · 1 Ei · 35 g Mehl

2 EL flüssige Butter

Pfeffer aus der Mühle

frisch geriebene Muskatnuss

4 TL Butter

Für die Brandade:

2 mehlig kochende Kartoffeln (ca. 200 g)

Salz · ½ TL ganzer Kümmel

150 g geräucherter Aal

1 EL saure Sahne

Pfeffer aus der Mühle

Cayennepfeffer

je 1 TL Butter und braune Butter (siehe Tipp S. 85)

einige Spritzer Zitronensaft

1 EL Schnittlauchröllchen

Für den Blumenkohl:

½ kleiner Blumenkohl (gewaschen und in Röschen zerteilt)

1–2 EL Öl · 1 EL Butter

½–1 TL mildes Currypulver

1 Für die Pfannkuchen den Spinat verlesen, waschen und abtropfen lassen, grobe Stiele entfernen. Den Spinat in kochendem Salzwasser 2 Minuten blanchieren. Abgießen, kalt abschrecken, mit den Händen gut ausdrücken und hacken. Den Spinat mit Kräutern und Milch mit dem Stabmixer verrühren. Das Ei verquirlen und mit dem Mehl gut verrühren. Die Mehlmischung zur Kräutermilch geben und alles zu einem glatten Teig verarbeiten. Die flüssige Butter dazugeben und den Pfannkuchenteig mit Salz, Pfeffer und 1 Prise Muskatnuss würzen. 30 Minuten ruhen lassen.

2 In einer Pfanne (etwa 24 cm Ø) 1 TL Butter erhitzen, etwa ein Viertel des Teigs hineingeben, durch Schwenken verteilen und die Unterseite bei mittlerer Hitze leicht bräunen. Den Pfannkuchen wenden und fertig backen. Den restlichen Teig ebenso verarbeiten.

3 Für die Brandade die Kartoffeln waschen, in reichlich Salzwasser mit dem Kümmel 20 Minuten weich kochen, pellen und zerdrücken. Den Aal häuten, entgräten und klein zupfen, mit Kartoffeln und saurer Sahne verrühren. Die Masse mit Salz, Pfeffer, 1 Prise Cayennepfeffer, Butter, brauner Butter und Zitronensaft würzen, Schnittlauch unterrühren. Die Brandade auf den Pfannkuchen verteilen, aufrollen und zugedeckt warm halten.

4 Die Blumenkohlröschen in 3 mm dicke Scheiben schneiden. In einer Pfanne im Öl bei mittlerer Hitze portionsweise anbraten und auf Küchenpapier abtropfen lassen. Die Butter in der Pfanne zerlassen, den Curry darüberstäuben und den Blumenkohl darin wenden. Die Pfannkuchen mit dem Blumenkohl servieren.

Der **BLUMENKOHL** mit seinem festen weißen Kopf ist der am leichtesten verdauliche Vertreter aus der Kohlfamilie. Er ist reich an Vitaminen, vor allem Vitamin C und K, Mineral- und Ballaststoffen. Außerdem strotzt er vor wertvollen sekundären Pflanzenstoffen, die vor Infektionen, Krebs, Osteoporose und Herz-Kreislauf-Problemen schützen. Der »große Weiße« hält den Darm fit und sorgt obendrein für gute Laune – selbst bei Stress. Ob Blumenkohl frisch ist, können Sie übrigens am Strunk erkennen: Riecht die Schnittfläche unangenehm, sollten Sie lieber die Finger von ihm lassen.

Geräucherter Aal

auf Linsensalat

Zutaten für 4 Personen:

200 g Berglinsen (kleine grüne Linsen)

1 Zwiebel

100 g durchwachsene Speckscheiben

2 EL Öl · 1 EL Tomatenmark

1 Lorbeerblatt

400 ml Geflügelbrühe

je 50 g Karotte und Knollensellerie

getrockneter Majoran

4 EL Aceto balsamico

1 EL Sonnenblumenöl (oder mildes Olivenöl)

2 EL braune Butter (siehe Tipp S. 85)

Salz · Pfeffer aus der Mühle

Zucker · Cayennepfeffer

je 1 Scheibe Ingwer und Knoblauch

1 Streifen unbehandelte Orangenschale

1 Splitter Zimtrinde

½ Stange Lauch (möglichst grün)

500 g geräucherter Aal

Kräuterblätter zum Garnieren

1 Die Linsen 2 Stunden in kaltem Wasser einweichen. Die Zwiebel schälen und mit der Hälfte des Specks in feine Würfel schneiden. Speck- und Zwiebelwürfel in 1 EL Öl glasig dünsten. Die Linsen abgießen, hinzufügen, das Tomatenmark unterrühren und kurz mitdünsten. Das Lorbeerblatt dazugeben, die Brühe angießen und 20 Minuten köcheln lassen.

2 Karotte und Sellerie putzen, schälen und in sehr kleine Würfel schneiden. Nach 10 Minuten mit 1 Prise Majoran zu den Linsen geben und mitgaren. Die Linsen vom Herd nehmen und etwas abkühlen lassen. Mit Essig, Sonnenblumenöl, brauner Butter, Salz, Pfeffer sowie jeweils 1 Prise Zucker und Cayennepfeffer abschmecken. Ingwer, Knoblauch, Orangenschale und Zimt dazugeben, 10 Minuten in dem Linsensalat ziehen lassen und wieder entfernen.

3 Den Lauch putzen, waschen, schräg in etwa 1 cm breite Streifen schneiden und in kochendem Salzwasser bissfest garen. Abgießen, kalt abschrecken, abtropfen lassen und unter den Linsensalat mischen.

4 Den Backofen auf 80 °C vorheizen. Die übrigen Speckscheiben dritteln und in einer Pfanne im restlichen Öl auf beiden Seiten knusprig braten. Herausnehmen und auf Küchenpapier abtropfen lassen. Den Aal häuten, entgräten und in größere Stücke teilen. Auf einem großen ofenfesten Teller im Backofen auf der mittleren Schiene etwa 10 Minuten erwärmen.

5 Den Linsensalat in tiefen Tellern anrichten, die Aalstücke darauf verteilen und mit dem Speck und den Kräuterblättern garnieren.

Der **AAL** zählt – vor allem in geräucherter Form – zu den besonders fettreichen Fischen. Aber keine Angst: In Maßen genossen, macht er nicht dick. Der stromlinienförmige Fisch ist im besten Sinne des Wortes ein guter Fang. Er versorgt den Körper mit Fettsäuren und den Vitaminen A und D. Vitamin A beugt Nachtblindheit vor, wehrt freie Radikale ab und schützt die Hautzellen. Vitamin D hingegen ist ein unverzichtbarer Helfer, um Kalzium in den Knochen einzulagern.

LINSEN sind nicht gleich Linsen, allein in Indien gibt es mehr als 50 verschiedene Sorten. Die Hülsenfrüchte pushen den Körper mit purer Energie, sättigen dabei anhaltend und halten den Blutzuckerspiegel konstant. Bei Linsen gilt übrigens die Faustregel: je kleiner, desto feiner. Kleine Linsen sind besonders schmackhaft, da sie einen höheren Schalenanteil haben und dort die typischen Aromastoffe sitzen.

Lachsforelle

auf Brennnesselspinat mit Spargel

Zutaten für 4 Personen:

Für den Spinat:

500 g weißer Spargel

250 g Blattspinat

150 g junge Brennnesselblätter

½–1 TL Puderzucker

80 ml Gemüsebrühe

1 Knoblauchzehe (halbiert)

1 Scheibe Ingwer

1 Streifen unbehandelte Zitronenschale

Salz · Pfeffer aus der Mühle

Cayennepfeffer

frisch geriebene Muskatnuss

1 EL Butter

1 TL braune Butter (siehe Tipp S. 85)

Für den Fisch:

4 Lachsforellenfilets (à 120 g; mit Haut)

1 EL Öl

Salz · Pfeffer aus der Mühle

5 EL mildes Olivenöl

je ½ TL abgeriebene unbehandelte Zitronen- und Orangenschale

1 Für den Spinat den Spargel schälen und die holzigen Enden abschneiden. Die Spargelstangen schräg in etwa 3 mm dicke Scheiben schneiden. Den Spinat verlesen, gründlich waschen und abtropfen lassen, grobe Stiele entfernen. Die Brennnesselblätter waschen und trocken schütteln.

2 Eine Pfanne erhitzen, den Puderzucker hineinstäuben und den Spargel darin bei mittlerer Hitze andünsten. Die Brühe dazugeben und den Spargel 6 bis 8 Minuten bissfest garen.

3 Die Spinat- und Brennnesselblätter dazugeben, Knoblauch, Ingwer und Zitronenschale hinzufügen und 1 bis 2 Minuten mitdünsten. Mit Salz, Pfeffer und je 1 Prise Cayennepfeffer und Muskatnuss würzen. Die Butter und die braune Butter unter den Brennnesselspinat mischen, Knoblauch, Ingwer und Zitronenschale wieder entfernen.

4 Für den Fisch die Lachsforellenfilets waschen und trocken tupfen. Das Öl in einer Pfanne erhitzen und die Fischfilets darin auf der Hautseite etwa 3 Minuten anbraten. Wenden, die Pfanne vom Herd nehmen und Filets in der Resthitze 1 Minute glasig ziehen lassen. Auf Küchenpapier abtropfen lassen und mit Salz und Pfeffer würzen.

5 Das Olivenöl mit der Zitronen- und Orangenschale verrühren. Die Fischfilets mit dem Brennnesselspinat auf vorgewärmten Tellern anrichten und vor dem Servieren mit dem Zitrusöl beträufeln.

Von wegen Unkraut! Als Heil- und Küchenkraut kann die **BRENNNESSEL** auf eine jahrhundertelange Tradition zurückblicken. Die jungen Blätter sind ein begehrtes Wildgemüse, das als Salat oder wie Spinat zubereitet wird. Sie enthalten einen Cocktail aus Mineralstoffen und Spurenelementen, der Muskeln und Nerven fit macht, die Bildung der roten Blutkörperchen unterstützt und sanft entwässernd wirkt. Die eigentliche Zauberformel der Brennnessel heißt jedoch: Betacarotin plus Vitamin C (in Brennnesselblättern steckt 10-mal so viel Vitamin C wie in Spinat!). Diese Antioxidantien schützen vor freien Radikalen und schädlichen UV-Strahlen.

Die **LACHSFORELLE** wird oft mit dem Lachs verwechselt, ist aber tatsächlich eine Forellenart. Ihr rötliches Fleisch erhält sie durch die Fütterung mit Bachflohkrebsen bzw. Spezialfutter. Da Lachs und Forelle aber eng verwandt sind, haben sie ähnliche Inhaltsstoffe, wie Eiweiß, Mineralstoffe und fettlösliche Vitamine. Nur was die gesunden Omega-3-Fettsäuren und Jod betrifft, ist die Lachsforelle ihrem Verwandten unterlegen.

Rotbarsch auf Gewürzsalz

mit Vanillebutter und Schalottenspinat

Zutaten für 4 Personen:

Für den Fisch:

300 g grobes Meersalz

3 EL gemischte ganze Gewürze (Wacholderbeeren, Koriander- und schwarze Pfefferkörner, grüne Kardamomkapseln, Fenchelsamen)

je 1 EL Mehl und Speisestärke

1 Eiweiß

4 Rotbarschfilets (à 120 g; küchenfertig)

Für den Spinat und die Butter:

500 g Blattspinat

2 Schalotten

1 EL mildes Olivenöl

3 EL Gemüsebrühe

3 Knoblauchzehen

1 Scheibe Ingwer

1 Streifen unbehandelte Zitronenschale

Salz · Pfeffer aus der Mühle

frisch geriebene Muskatnuss

3 EL Butter

1 EL braune Butter (siehe Tipp S. 85)

Mark von ½ Vanilleschote

Chilisalz (aus dem Gewürzladen)

1 Für den Fisch den Backofen auf 220 °C vorheizen. Das Meersalz mit den Gewürzen, dem Mehl und der Speisestärke mischen, das Eiweiß cremig aufschlagen und unterheben.

2 Eine ofenfeste Form (mit passendem Deckel) mit Backpapier auslegen, die Salzmasse darin verteilen, glatt streichen und im Backofen auf der mittleren Schiene 15 Minuten trocknen lassen. Die Backofentemperatur auf 100 °C herunterschalten. Die Rotbarschfilets waschen, trocken tupfen und auf das Salzbett legen. Zugedeckt im Backofen etwa 7 Minuten gar ziehen lassen, dabei einmal wenden.

3 Den Spinat verlesen, gründlich waschen und abtropfen lassen, grobe Stiele entfernen. Die Schalotten schälen und in feine Würfel schneiden. Das Olivenöl in einer Pfanne erhitzen und die Schalottenwürfel darin andünsten. Brühe, Spinat, 1 halbierte Knoblauchzehe, Ingwer und Zitronenschale dazugeben und den Spinat zusammenfallen lassen. Mit Salz, Pfeffer und 1 Prise Muskatnuss würzen. 1 EL Butter und die braune Butter untermischen.

4 Für die Vanillebutter die restliche Butter in einer Pfanne zerlassen. Den restlichen Knoblauch schälen, in feine Scheiben schneiden und mit dem Vanillemark zur Butter geben. Die Vanillebutter mit Chilisalz würzen.

5 Den Rotbarsch mit dem Schalottenspinat auf vorgewärmten Tellern anrichten und mit der Vanillebutter beträufeln.

Um den **SPINAT** rankt sich einer der hartnäckigsten Ernährungsirrtümer: Lange Zeit wurde er nämlich für eine gute Eisenquelle gehalten – zu Unrecht, wie man heute weiß. Doch das Blattgemüse kann mit anderen »inneren Werten« punkten. Es enthält den besten Dreierpack gegen freie Radikale: die Vitamine C und E und Betacarotin. Gemeinsam wirken diese Antioxidantien wesentlich effektiver als als »Einzelkämpfer«. Spinat kann deshalb allen Gesundheitsschäden vorbeugen, die durch zellzerstörende freie Radikale entstehen. Und für werdende Mütter ist er ein wertvoller Folsäurelieferant. Essen Sie zum Spinat am besten noch zusätzlich Vitamin-C-haltige Lebensmittel – so wird das Nitrat aus dem Blattgemüse nicht in schädliches Nitrit oder Nitrosamin umgewandelt.

Marinierter Lachs

aus dem Ofen mit Sauce Rouille

Zutaten für 4 Personen:

Für den Fisch:

je 1 TL Fenchelsamen, Koriander- und schwarze Pfefferkörner, Wacholderbeeren und zerbröselte Zimtrinde

100 g Salz

30 g Zucker

4 Lachsfilets (à 150 g; küchenfertig)

Butter für das Blech

Für die Sauce:

½ rote Paprikaschote · Salz

2 Knoblauchzehen

½ kleine Kartoffel (ca. 70 g; gegart)

einige Safranfäden

1 TL Dijon-Senf

1 Eigelb

½ TL grobes Meersalz

Pfeffer aus der Mühle

150 ml Olivenöl

50 ml Gemüsebrühe

1 Am Vortag für den Lachs die Gewürze in einer beschichteten Pfanne ohne Fett rösten, bis sie zu duften beginnen. In einem Topf 1 l Wasser mit dem Salz, dem Zucker und den Gewürzen einmal aufkochen und vollständig abkühlen lassen. Die Lachsfilets waschen, trocken tupfen, in den Gewürzsud legen und im Kühlschrank über Nacht ziehen lassen.

2 Am nächsten Tag für die Sauce die Paprikaschote entkernen und waschen. In kochendem Salzwasser blanchieren, kalt abschrecken, häuten und in kleine Würfel schneiden. Den Knoblauch und die Kartoffel schälen bzw. pellen und klein schneiden.

3 Paprika, Knoblauch und Kartoffel mit Safran, Senf, Eigelb, Meersalz und Pfeffer im Küchenmixer pürieren. Dabei nach und nach das Olivenöl und die Brühe dazugießen, bis eine cremige Sauce entstanden ist.

4 Den Backofen auf 80 °C vorheizen. Den Fisch aus dem Gewürzsud nehmen und auf Küchenpapier abtropfen lassen. Ein Backblech einfetten und die Lachsfilets darauflegen. Mit Frischhaltefolie zudecken und im Backofen auf der mittleren Schiene etwa 20 Minuten saftig durchziehen lassen.

5 Die Lachsfilets auf vorgewärmten Tellern anrichten und die Rouille dazu servieren. Dazu schmecken Salzkartoffeln oder frisches Weißbrot und gemischter Blattsalat.

Schon die alten Römer bereiteten **SENF** zu, und im Mittelalter war er in Europa das einzige Gewürz, das sich auch einfache Leute leisten konnten. Man unterscheidet zwischen weißen, braunen und schwarzen Samenkörnern, die erst durch den Mahlvorgang ihr volles Aroma entfalten. Zum Kochen sollten Sie stets scharfen Senf verwenden, denn er verliert beim Erhitzen einen Teil seiner Schärfe. Seinen charakteristischen Geschmack verleihen ihm Senföle (Isothiocyanate), die keimtötend wirken. Diese Tatsache machten sich schon viele Völker zunutze und verwendeten den »Scharfmacher« als Heilmittel z. B. gegen Erkältung, Magenbeschwerden oder Zahnschmerzen.

Saibling im Salzteig

mit Kohlrabigemüse

Zutaten für 4 Personen:

Für den Fisch:

1,8 kg Mehl

900 g feinkörniges Meersalz

70 ml Olivenöl

6 Eier

Mehl für die Arbeitsfläche

4 Saiblinge (küchenfertig)

Salz · Pfeffer aus der Mühle

4 Scheiben Ingwer

2 Knoblauchzehen (halbiert)

4 Zweige Thymian

4 Streifen unbehandelte Zitronenschale

Butter für das Blech

2 Eigelb

3 EL Sahne

Für das Gemüse:

1 EL Korianderkörner

500 g Kohlrabi

150 ml Gemüsebrühe

50 g Sahne · 2 EL Butter

1 EL braune Butter (siehe Tipp S. 85)

3 Scheiben Knoblauch

Salz · milde Chiliflocken

getrocknetes Bohnenkraut

frisch geriebene Muskatnuss

1 Für den Fisch den Backofen auf 200 °C Umluft vorheizen. Mehl, Salz, Olivenöl, Eier und 750 ml Wasser zu einem glatten Teig verkneten. Den Teig vierteln und auf der bemehlten Arbeitsfläche zu 4 etwa 1 cm dicken Teigplatten ausrollen. Von den Saiblingen die Kiemen entfernen, die Fische innen und außen gründlich waschen und trocken tupfen. Die Bauchhöhlen mit Salz und Pfeffer würzen. Ingwer, Knoblauch, Thymian und Zitronenschalen gleichmäßig auf die Bauchhöhlen verteilen.

2 Die Saiblinge jeweils in 1 Teigplatte wickeln, dabei die Enden gut andrücken. Zwei Backbleche einfetten und die Fische im Salzteig mit der Nahtseite nach unten darauflegen. Die Eigelbe mit der Sahne verquirlen und den Salzteig damit bestreichen. Die Saiblinge im Backofen etwa 20 Minuten garen.

3 Für das Gemüse den Koriander in einer beschichteten Pfanne ohne Fett rösten, bis er zu duften beginnt. Abkühlen lassen und in eine Gewürzmühle füllen. Den Kohlrabi putzen, schälen, vierteln und in 3 bis 4 mm dicke Scheiben schneiden. Mit der Brühe in einem Topf zugedeckt knapp unter dem Siedepunkt 15 bis 20 Minuten weich garen.

4 Zwei Drittel vom Kohlrabi beiseitestellen. Den Rest mit dem Kochsud, Sahne, Butter, brauner Butter und Knoblauch mit dem Stabmixer pürieren. Mit Salz, Koriander aus der Mühle und je 1 Prise Chiliflocken, Bohnenkraut und Muskatnuss würzen und nochmals kurz pürieren. Mit den Kohlrabischeiben mischen und erhitzen. Die Saiblinge im Salzteig erst am Tisch mit einem Sägemesser öffnen. Das Kohlrabigemüse dazu servieren.

Der fein-nussig schmeckende **KOHLRABI** ist wie andere Gemüse ideal für alle, die Appetit auf Leichtes und Gesundes haben. Er liefert eine gute Portion Mineral- und Ballaststoffe, und das, ohne das Kalorienkonto nennenswert zu belasten. Außerdem überzeugt er durch seinen hohen Vitamin-C-Gehalt. Küchenkenner werfen die kleinen Herzblätter übrigens nicht weg, denn sie enthalten mehr Vitalstoffe als die Knolle selbst. Fein zerkleinert, kann man sie wie Kräuter verwenden.

Salz – die chemische Verbindung aus Natrium und Chlor – unterstreicht und fördert den Eigengeschmack von Lebensmitteln und Speisen. Besondere ernährungsphysiologische Qualitäten hat **MEERSALZ** aufzuweisen: Es wird aus Meerwasser in Salzgärten gewonnen und enthält neben Natriumchlorid auch etwa 2 % Mineralstoffe und Spurenelemente wie Kalzium, Magnesium, Fluor und Jod.

Wallerfilets

aus dem Wurzelsud mit Meerrettich

Zutaten für 4 Personen:

2 Zwiebeln · 1 Karotte

150 g Knollensellerie

1 EL Puderzucker

750 ml Gemüsebrühe

1 Lorbeerblatt

½–1 TL gelbe Senfkörner

5 Wacholderbeeren

5 Pimentkörner

1 TL schwarze Pfefferkörner

1 Streifen unbehandelte Zitronenschale

4 Scheiben Ingwer

2 Knoblauchzehen (halbiert)

150 ml Rotweinessig

Salz · ca. 2 TL Zucker

4 Wallerfilets (à 120 g; küchenfertig)

1 EL Meerrettich (aus dem Glas)

2 EL Butter

Cayennepfeffer

1 kleines Stück Meerrettichwurzel (geschält)

1 EL Schnittlauchröllchen

1 Am Vortag die Zwiebeln schälen und in sehr dünne Ringe schneiden. Karotte und Sellerie putzen, schälen und in feine Streifen schneiden. Den Puderzucker in einem Topf bei milder Hitze hell karamellisieren und das Gemüse darin andünsten.

2 Die Brühe angießen, das Lorbeerblatt und die Senfkörner dazugeben. Wacholder, Piment- und Pfefferkörner in ein Gewürzsäckchen geben, verschließen und zur Brühe geben. Die Brühe aufkochen und knapp unter dem Siedepunkt 10 Minuten ziehen lassen. Zitronenschale, Ingwer, Knoblauch und Essig hinzufügen, den Sud mit Salz und Zucker würzen. Vom Herd nehmen, abkühlen lassen und die ganzen Gewürze wieder entfernen.

3 Die Wallerfilets waschen, trocken tupfen, in eine Auflaufform legen und den kalten Sud angießen. Die Fischfilets zugedeckt über Nacht im Kühlschrank ziehen lassen.

4 Am nächsten Tag die Fischfilets herausnehmen, den Sud durch ein Sieb gießen und in einem breiten Topf einmal aufkochen lassen, den dabei aufsteigenden Schaum abnehmen. 200 ml Sud abmessen und mit Meerrettich und Butter mit dem Stabmixer verrühren. Die Sauce mit Salz und 1 Prise Cayennepfeffer abschmecken. Die Gemüsestreifen in einer Pfanne erwärmen.

5 Den Topf mit dem restlichen heißen Sud vom Herd nehmen und die Wallerfilets darin 6 bis 8 Minuten gar ziehen lassen. Die Filets mit den Gemüsestreifen in vorgewärmten tiefen Tellern anrichten und mit der aufgemixten Sauce übergießen. Meerrettich darüberreiben und mit Schnittlauch bestreuen.

Der **MEERRETTICH** ist die europäische Antwort auf die exotische Chilischote und zählt wie diese zu den gesunden »Scharfmachern«. Die hohe Konzentration an scharfen Senfölen ist dafür verantwortlich, dass einem beim Reiben der Wurzel die Tränen in die Augen schießen und der Meerrettich beim Essen in die Nase steigt. Diese ätherischen Senföle sind Alleskönner, denn sie regen den gesamten Stoffwechsel an, fördern die Durchblutung und haben die Bezeichnung »natürliches Antibiotikum« wahrlich verdient. Sie töten Bakterien, Viren und Pilze und schützen vor Krebs. Gute Dienste leistet Meerrettich auch als »Rachenputzer«: Er wirkt schleimlösend und befreit den Atem.

Kabeljau

mit Kartoffelpüree und grünem Spargel

Zutaten für 4 Personen:

Für das Püree:

1 kg mehlig kochende Kartoffeln

Salz · ½ TL ganzer Kümmel

250 ml Milch · 1 EL Butter

2 EL Arganöl

frisch geriebene Muskatnuss

Für die Sauce:

1 EL gelbe Senfkörner

100 ml Gemüsebrühe

100 g Sahne · je 1 EL scharfer und süßer Senf · 1 EL Butter

Salz · Cayennepfeffer

Für den Spargel:

500 g grüner Spargel

½–1 TL Puderzucker

100 ml Gemüsebrühe

1 Streifen unbehandelte Zitronenschale

Salz · Pfeffer aus der Mühle

Cayennepfeffer · 1 EL Olivenöl

Für den Fisch:

4 Kabeljaufilets (à 120 g; küchenfertig)

Öl für das Blech · Chilisalz (aus dem Gewürzladen)

1 Für das Püree die Kartoffeln waschen und in reichlich Salzwasser mit dem Kümmel etwa 20 Minuten weich kochen. Die Kartoffeln abgießen, möglichst heiß pellen und durch die Kartoffelpresse drücken.

2 Die Milch erhitzen, mit einem Kochlöffel unter den Kartoffelschnee rühren, Butter und Arganöl untermischen und das Püree mit Salz und 1 Prise Muskatnuss würzen.

3 Für die Sauce die Senfkörner in Wasser 8 bis 10 Minuten köcheln lassen und in ein Sieb abgießen. Die Brühe und die Sahne in einem kleinen Topf erhitzen, die beiden Senfsorten mit den gekochten Senfkörnern und der Butter unterrühren. Die Sauce mit Salz und 1 Prise Cayennepfeffer würzen.

4 Den Spargel waschen, nur im unteren Drittel schälen und die holzigen Enden abschneiden. Die Stangen längs halbieren und schräg in 4 bis 5 cm lange Stücke schneiden. Den Puderzucker in einer Pfanne karamellisieren und den Spargel darin andünsten. Mit der Brühe ablöschen und knapp unter dem Siedepunkt 8 bis 10 Minuten weich garen. Die Zitronenschale hinzufügen, das Gemüse mit Salz, Pfeffer und 1 Prise Cayennepfeffer würzen und das Olivenöl dazugeben.

5 Den Backofen auf 100 °C vorheizen. Die Kabeljaufilets waschen, trocken tupfen und auf ein mit Öl bestrichenes Backblech legen. Mit Bratschlauchfolie zudecken und im Backofen auf der mittleren Schiene etwa 15 Minuten garen. Mit Chilisalz bestreuen und mit Kartoffelpüree, Spargel und Senfsauce auf vorgewärmten Tellern anrichten.

KARTOFFELN sind hierzulande die absolute Nummer eins unter den Gemüsesorten. Auch wenn die Knollen auf den ersten Blick unscheinbar wirken – bei näherem Hinsehen erweisen sie sich als wahre Kraftpakete. Dank ihrer Ballaststoffe machen Kartoffeln lang anhaltend satt und unterstützen den Darm bei seiner Entgiftungsarbeit. Kalium entwässert und stärkt den Herzmuskel, und das reichlich enthaltene Vitamin C pusht die Abwehrkräfte und kann der Entstehung von Krebserkrankungen vorbeugen. Zusammen mit dem Spurenelement Zink beschleunigt Vitamin C außerdem die Wundheilung und blockt freie Radikale ab. Damit sie nicht zur Kalorienfalle werden, sollten Kartoffeln nach Möglichkeit fettarm zubereitet werden. Am besten gart man sie in der Schale, damit ihre Inhaltsstoffe nicht mit dem Kochwasser in den Ausguss geschüttet werden.

Dorade royale

in der Folie mit mediterranen Gewürzen

Zutaten für 4 Personen:

4 Doraden royale (Goldbrassen; küchenfertig)

Salz · Pfeffer aus der Mühle

4 EL Olivenöl

3 EL Butter

je 4 Scheiben Ingwer und Knoblauch

4 unbehandelte Zitronenscheiben

4 Lorbeerblätter

einige Petersilienblätter

1 TL Fenchelsamen

½ TL Anissamen

1 TL Korianderkörner

1 EL Zimtrinde

1 Den Backofen auf 160 °C vorheizen. Von den Doraden die Kiemen entfernen, die Fische innen und außen gründlich waschen und trocken tupfen. Die Bauchhöhlen mit Salz und Pfeffer würzen.

2 Vier Blätter Alufolie mit Olivenöl bestreichen und mit Butterflocken belegen. Jeweils 1 Fisch darauflegen, Ingwer, Knoblauch, Zitronenscheiben, Lorbeer- und Petersilienblätter gleichmäßig auf die Bauchhöhlen verteilen. Die Folie über den Fischen jeweils zu Päckchen zusammenfalten.

3 Die Doraden im Backofen auf der mittleren Schiene 40 bis 50 Minuten garen. Die Fische sind fertig, wenn sich die Rückenflosse herausziehen lässt.

4 Fenchel, Anis, Koriander und Zimt in einer beschichteten Pfanne ohne Fett rösten, bis sie zu duften beginnen. Abkühlen lassen und in eine Gewürzmühle füllen.

5 Die Doraden in der Folie aus dem Ofen nehmen, die Päckchen öffnen und etwas Gewürzmischung aus der Mühle darübermahlen. Die Doraden in der Folie servieren.

Tipp

Servieren Sie zu der Dorade nach Belieben gebratenes Fenchelgemüse, Spinat oder eingelegtes mediterranes Gemüse wie Paprika, Auberginen und Zucchini.

Nicht nur im Weihnachtsgebäck beliebt: **ANIS** verfeinert mit seinem lieblichen lakritzartigen Aroma sowohl süße als auch pikante Speisen. Das in den Samen enthaltene ätherische Öl ist Bestandteil vieler Anisschnäpse wie Ouzo oder Sambuca, die ursprünglich Arzneimittel waren. Als Aperitiv regen sie den Appetit an, nach dem Essen genossen, fördern sie die Verdauung. Daneben lindert Anis Blähungen und Magenbeschwerden und hat eine harntreibende Wirkung. Anissamen und -öl sind traditionelle Heilmittel bei Atemwegskatarrhen.

Die **DORADE**, auch Goldbrasse genannt, ist im Mittelmeer zu Hause. Ihr festes weißes Fleisch ist äußerst grätenarm und sehr schmackhaft. Die Zubereitung in der Folie ist (nicht nur) für die Dorade ideal: Auf diese Weise wird Fisch schonend gegart und kann sein wunderbares Aroma optimal entfalten.

Lachsfilet

auf Kopfsalat-Erbsen-Sauce

Zutaten für 4 Personen:

Für die Sauce:

½ kleine Zwiebel

1 EL Olivenöl

100 g Tiefkühl-Erbsen (blanchiert)

250 ml Geflügelbrühe

50 g Kopfsalatblätter (in feinen Streifen)

1 kleine Knoblauchzehe (fein gehackt)

4 EL kalte Butter

Salz · Cayennepfeffer

frisch geriebene Muskatnuss

1–2 TL Minzeblätter (in feinen Streifen)

Für den Fisch:

je 1 EL Korianderkörner und Fenchelsamen

8 schräg geschnittene Scheiben Lachsfilet (à 60–70 g; küchenfertig)

1 EL Öl

Salz

1 Für die Sauce die Zwiebel schälen, in feine Würfel schneiden und in einem Topf bei mittlerer Hitze im Olivenöl andünsten. Zwei Drittel der Erbsen hinzufügen, die Brühe dazugießen, die Hälfte der Salatstreifen und den Knoblauch hinzufügen und alles knapp unter dem Siedepunkt 3 bis 5 Minuten ziehen lassen.

2 Die Butter dazugeben und die Sauce im Küchenmixer fein pürieren. Mit Salz und jeweils 1 Prise Cayennepfeffer und Muskatnuss abschmecken.

3 Für den Fisch Koriander und Fenchel in einer beschichteten Pfanne ohne Fett rösten, bis sie zu duften beginnen. Abkühlen lassen und in eine Gewürzmühle füllen oder im Mörser fein zerstoßen.

4 Die Lachsscheiben waschen und trocken tupfen. Das Öl in einer Pfanne erhitzen und die Lachsscheiben darin auf jeder Seite etwa 1 Minute anbraten. Die Pfanne vom Herd nehmen und die Fischfilets in der Resthitze glasig ziehen lassen. Auf Küchenpapier abtropfen lassen, mit Salz und der Koriander-Fenchel-Mischung aus der Mühle würzen.

5 Den restlichen Kopfsalat mit den übrigen Erbsen und der Minze unter die Sauce rühren und die Sauce noch einmal kurz erwärmen. Die Lachsscheiben mit der Kopfsalat-Erbsen-Sauce auf vorgewärmten Tellern anrichten. Nach Belieben kleine gebratene Kartoffeln dazu servieren.

ERBSEN zählen nicht nur zu den eiweißreichsten Gemüsesorten; dank der enthaltenen Mineralstoffe (Kalium und Magnesium) schützen sie auch das Herz und machen Knochen und Zähne stabil. B-Vitamine, Eisen und Lezithin sorgen für Nerven wie Drahtseile und unterstützen die Blutbildung. Das eigentliche Geheimnis der Hülsenfrüchte sind jedoch die sekundären Pflanzenstoffe: Zum einen Flavonoide, die Bakterien und Viren abtöten, vor freien Radikalen schützen, entzündungshemmend wirken und darüber hinaus die Blutgerinnung positiv beeinflussen. Und zum anderen Protein-Inhibitoren, die vor Krebs schützen und gemeinsam mit den Ballaststoffen den Blutzuckerhaushalt regulieren.

Seeteufel

in Schalottenmarinade

Zutaten für 4 Personen:

Saft von ½ Zitrone

1 Döschen Safranfäden (0,1 g)

2 Schalotten

1 Knoblauchzehe

1 kleine rote Chilischote

1–2 TL Minzeblätter (frisch geschnitten)

1–2 EL Korianderblätter (frisch geschnitten)

½ TL gemahlener Kreuzkümmel

1 TL Paprikapulver (edelsüß)

4 EL mildes Olivenöl

500 g Seeteufelfilet (küchenfertig)

1 EL Öl

Salz · Pfeffer aus der Mühle

1 Den Zitronensaft in einem kleinen Topf leicht erwärmen, den Safran unterrühren und einige Minuten ziehen lassen.

2 Schalotten und Knoblauch schälen und in feine Würfel schneiden. Die Chilischote längs halbieren, entkernen, waschen und ebenfalls in feine Würfel schneiden. Schalotten und Knoblauch mit Chili, Minze, Koriander, Kreuzkümmel, Paprikapulver, Zitronensaft-Safran-Mischung und Olivenöl verrühren.

3 Den Seeteufel waschen, trocken tupfen, schräg in 12 Scheiben schneiden und in der Schalottenmarinade wenden.

4 Das Öl in einer Pfanne erhitzen und die Seeteufelmedaillons darin auf jeder Seite etwa 1 Minute anbraten. Die Pfanne vom Herd nehmen und die Fischstücke in der Resthitze glasig ziehen lassen. Die Seeteufelmedaillons mit Salz und Pfeffer würzen. Dazu passen ein gemischter Blattsalat und geröstetes Weißbrot.

Tipp

Sie sollten darauf achten, dass die dunkle Haut des Seeteufelfilets vollständig entfernt ist. Verwenden Sie wirklich nur das weiße Filet – so schmeckt der Fisch feiner.

Der **SEETEUFEL** wird auch Lotte genannt und zählt zu dem Besten, was Nordatlantik und Mittelmeer zu bieten haben. In den Handel kommt meist nur das Schwanzstück, dessen Fleisch schneeweiß, sehr fest und grätenfrei ist. Der Seeteufel ist kalorien-, weil fettarm, dafür aber reich an Jod, Eiweiß, Vitamin B_{12} und Folsäure. Letztere sind das perfekte Duo zum Schutz vor Blutarmut, da sie beide an der Bildung der roten Blutkörperchen beteiligt sind.

KREUZKÜMMEL (oder Cumin) sieht den herkömmlichen Kümmelsamen sehr ähnlich. Unter dem Namen »Jeera« zählt er in Indien zu den wichtigsten Gewürzen überhaupt. Kreuzkümmel schmeckt wohltuend frisch mit einer leicht bitterscharfen Note. Man kann die Samen im Ganzen oder gemahlen verwenden, allerdings verflüchtigt sich ihr Aroma im gemahlenen Zustand sehr schnell. Kreuzkümmelsamen wirken sich positiv auf den gesamten Verdauungstrakt aus. Sie regen den Appetit an und helfen bei Blähungen, Durchfall und krampfartigen Beschwerden.

Rochen

mit Kapern-Zitronen-Butter

Zutaten für 4 Personen:

2 Stiele Petersilie

½ unbehandelte Zitrone

1–2 EL kleine Kapern (eingelegt)

100 g braune Butter (siehe Tipp)

500 g Rochenfilet (küchenfertig)

1–2 EL Öl

Salz · Pfeffer aus der Mühle

1 Die Petersilie waschen, trocken schütteln, die Blätter abzupfen und fein hacken.

2 Die Zitrone heiß waschen, trocken reiben und knapp 1 TL Schale fein abreiben. Die Zitrone auspressen. Die Kapern mit der Petersilie, 1 EL Zitronensaft und der Zitronenschale unter die braune Butter rühren.

3 Das Rochenfilet waschen und trocken tupfen. Das Öl in einer Pfanne erhitzen und das Fischfilet darin auf jeder Seite etwa 1 Minute anbraten. Die Pfanne vom Herd nehmen und den Fisch in der Resthitze glasig ziehen lassen.

4 Das Rochenfilet auf Küchenpapier abtropfen lassen und mit Salz und Pfeffer würzen. Auf vorgewärmten Tellern anrichten und mit der Kapern-Zitronen-Butter beträufeln. Dazu passen gekochte Kartoffeln und eine kleine Salatgarnitur.

Tipp

Für die braune Butter die angegebene Buttermenge in einem kleinen Topf bei milder Hitze langsam zerlassen, bis sie leicht gebräunt ist und ein nussiges Aroma hat. Sie können die Butter auch in größeren Mengen herstellen: Im Kühlschrank kann man sie bis zu 8 Wochen aufbewahren – sie wird fest wie Butterschmalz. Bei Bedarf einfach ein Stück abstechen und in dem heißen Gericht oder in der Pfanne schmelzen lassen.

Vom **ROCHEN** werden in der Regel nur die Flügel verzehrt, die dann als »Filet« bezeichnet werden. Das Fleisch dieser Knorpelfische (übrigens Verwandte der Haifische) ist ausgesprochen fettarm, dafür aber sehr eiweißreich – ideal also für alle, die auf ihr Gewicht achten wollen. Oder anders: Der Magerfisch kann es sich durchaus leisten, ein wenig in brauner Butter zu baden. Der Rochen ist – wie andere Meeresfische auch – ein guter Jodlieferant und beugt damit einer Vergrößerung der Schilddrüse (Kropf) vor.

Schade eigentlich, dass in der deutschen Küche **KAPERN** selten sind, stecken sie doch voller guter Inhaltsstoffe. Die kleinen grünen Blütenknospen regen Appetit und Verdauung an und stärken den Magen. Außerdem schreibt man ihnen eine entwässernde Wirkung zu. Bei uns kommen die pikant-säuerlichen Kapern vor allem in Salzlake eingelegt in den Handel.

Seezunge auf Bärlauchrisotto

mit Safran-Zitronen-Schaum

Zutaten für 4 Personen:

Für den Risotto:

½ Zwiebel (fein gewürfelt)

1 EL Olivenöl · 150 g Risottoreis · 1 kleines Lorbeerblatt

2 EL Weißwein

einige Spritzer Zitronensaft

450 ml heiße Gemüsebrühe

1 Scheibe Ingwer · 1 Streifen unbehandelte Zitronenschale

10–15 Bärlauchblätter

2 EL Butter · 1 EL geriebener Parmesan · Salz · Cayennepfeffer

Für den Schaum und den Fisch:

2 TL Puderzucker

150 ml Prosecco

½ kleines Lorbeerblatt

5 schwarze Pfefferkörner

125 ml Gemüsebrühe

1 Döschen Safranfäden (0,1 g)

½ TL abgeriebene unbehandelte Zitronenschale

1 Knoblauchzehe (halbiert)

100 g Sahne · 2 EL kalte Butter

Salz · Cayennepfeffer

8 Seezungenfilets (à 50 g; küchenfertig)

1 EL Öl · Pfeffer aus der Mühle

1 Für den Risotto die Zwiebel in einem breiten Topf bei mittlerer Hitze im Öl andünsten, den Reis dazugeben und glasig dünsten. Das Lorbeerblatt hinzufügen, mit Wein und Zitronensaft ablöschen. Unter häufigem Rühren immer wieder etwas heiße Brühe angießen und bei milder Hitze einkochen lassen, bis der Reis nach 15 bis 20 Minuten weich ist, aber noch Biss hat. Nach etwa 15 Minuten Ingwer und Zitronenschale hinzufügen und wieder entfernen, sobald der Reis fertig ist. Die Bärlauchblätter waschen, trocken schütteln und in feine Streifen schneiden. Mit der Butter und dem Parmesan unter den Risotto rühren. Den Bärlauchrisotto mit Salz und 1 Prise Cayennepfeffer abschmecken.

2 Für den Schaum den Puderzucker bei mittlerer Hitze hell karamellisieren, mit Prosecco ablöschen und auf ein Drittel einkochen lassen. Lorbeer und Pfefferkörner hinzufügen und die Brühe angießen, erneut auf ein Drittel einkochen lassen. Durch ein Sieb gießen, Safran, Zitronenschale und Knoblauch dazugeben und einige Minuten ziehen lassen. Den Knoblauch wieder entfernen, die Sahne dazugeben und die Butter untermixen. Den Schaum mit Salz und 1 Prise Cayennepfeffer abschmecken.

3 Die Fischfilets waschen, trocken tupfen, halbieren und im Öl bei mittlerer Hitze zuerst auf der dunklen Seite etwa 1 Minute anbraten. Wenden, etwa 1 Minute weiterbraten, vom Herd nehmen, in der Resthitze glasig ziehen lassen und auf Küchenpapier abtropfen lassen. Mit Salz und Pfeffer würzen. Zum Servieren den Safran-Zitronen-Schaum nochmals aufmixen. Die Seezungenfilets auf dem Risotto anrichten und mit dem Schaum beträufeln.

REIS ist ein super Sattmacher, der zugleich für gute Laune sorgt und einen stressgeplagten Magen-Darm-Trakt wieder zur Ruhe kommen lässt. Die feinen Körnchen halten dank ihres vergleichsweise hohen Stärkeanteils den Blutzuckerspiegel relativ konstant und verhindern damit das Entstehen von Heißhungerattacken. Mit seinen Mineralstoffen sorgt Reis außerdem dafür, dass überschüssiges Wasser und Stoffwechselprodukte aus dem Körper geschwemmt werden. Das fördert die Nierenaktivität und ist ein erprobtes Heilmittel bei zu hohem Blutdruck.

Ein Gläschen in Ehren… Alkohol in Maßen ist erlaubt und tut immer wieder gut. Der spritzige **PROSECCO** belebt die Sinne und erhöht das gesunde HDL-Cholesterin im Blut. Auch in der Küche ist Prosecco ein gern gesehener Gast, da er Saucen und Desserts einen raffinierten Kick verleiht.

Garnelengröstel

mit Kartoffeln und Rucola

Zutaten für 4 Personen:

500 g kleine festkochende Kartoffeln

Salz · ½ TL ganzer Kümmel

16 Riesengarnelen

½ Bund Rucola

2 EL Öl

3 Knoblauchzehen (in Scheiben)

1–2 TL mildes Currypulver

3 EL Butter

1 Zimtrinde

½ ausgekratzte Vanilleschote

2 Scheiben Ingwer

1 TL abgeriebene unbehandelte Zitronenschale

½ TL abgeriebene unbehandelte Orangenschale

Pfeffer aus der Mühle

1 Die Kartoffeln waschen und in reichlich Salzwasser mit dem Kümmel etwa 20 Minuten weich kochen. Abgießen, kurz abdampfen lassen und pellen. Die Kartoffeln gut auskühlen lassen und halbieren. Die Garnelen schälen, längs halbieren und den dunklen Darm entfernen. Die Garnelen waschen und trocken tupfen. Den Rucola verlesen, waschen und trocken schleudern, grobe Stiele entfernen.

2 In einer Pfanne 1 EL Öl erhitzen und die Kartoffeln mit der Schnittseite nach unten darin goldbraun braten. 1 Knoblauchzehe in Scheiben dazugeben. Die Kartoffeln mit Salz und Curry würzen, 1 EL Butter hinzufügen und zerlassen.

3 In einer zweiten Pfanne das restliche Öl erhitzen und die Garnelen darin auf der äußeren Seite bei mittlerer Hitze 1 bis 2 Minuten anbraten. Die Pfanne vom Herd nehmen, die Garnelen wenden und in der Resthitze weitere 2 Minuten glasig ziehen lassen.

4 Inzwischen in einer Pfanne die restliche Butter bei sehr milder Hitze zerlassen. Zimt, Vanilleschote, restlichen Knoblauch, Ingwer, Zitronen- und Orangenschale dazugeben und die gebratenen Garnelen in der Gewürzbutter wenden. Mit Salz und Pfeffer würzen.

5 Die Rucolablätter unter die gebratenen Kartoffeln mischen, auf Tellern anrichten. Die Garnelen darauf verteilen und die Gewürzbutter darüberträufeln.

Wie bei Fischen gilt auch für **GARNELEN**: Je kälter das Wasser ist, in dem sie leben, desto feiner ist ihr Geschmack. Verwirrend können die unterschiedlichen (internationalen) Bezeichnungen sein, unter denen Garnelen im Handel angeboten werden. Die Engländer nennen sie Shrimps oder Prawns, die Franzosen sprechen von Crevettes, und in Spanien kommen sie als Gambas auf den Teller. Eines jedoch ist sicher: Garnelen sind keine Scampis – diese Meeresbewohner sind wesentlich teurer. Leider werden die günstigeren Garnelen oft unter dem falschen Namen »Scampi« in den Handel gebracht. Garnelen gehören in den Kühlschrank und sollten spätestens nach 2 Tagen verbraucht werden, da sie schnell verderben. Rohe Garnelen sind glasig-grau, rosarot werden sie erst beim Kochen oder Braten.

Krabbenpflanzerl

mit Frühlingszwiebeln und Joghurtdip

Zutaten für 4 Personen:

Für den Dip:

150 g Salatgurke

80 g Frischkäse

150 g Naturjoghurt

1 EL Dillspitzen (frisch geschnitten)

1–2 TL Zitronensaft

Salz · Pfeffer aus der Mühle

Zucker

milde Chiliflocken aus der Mühle

Für die Pflanzerl:

je 1 EL Korianderkörner, Fenchelsamen und schwarze Pfefferkörner

80 g Zanderfilet (küchenfertig)

Salz · ½ TL scharfer Senf

½ TL abgeriebene unbehandelte Zitronenschale

frisch geriebene Muskatnuss

80 g Sahne

500 g Krabbenfleisch (aus der Dose)

4 Frühlingszwiebeln

1 Scheibe Ingwer

1 EL Sahnemeerrettich (aus dem Glas)

100 g Weißbrotbrösel

4–5 EL Öl

1 Für den Dip die Gurke schälen, längs halbieren und die Kerne entfernen. Die Gurke in ½ cm große Würfel schneiden. Den Frischkäse mit dem Joghurt glatt rühren, Gurke und Dill unterrühren. Den Dip mit Zitronensaft, Salz, Pfeffer, Zucker und Chiliflocken würzen.

2 Für die Pflanzerl den Koriander in einer beschichteten Pfanne ohne Fett rösten, bis er zu duften beginnt. Abkühlen lassen und mit den Fenchelsamen und den Pfefferkörnern in eine Gewürzmühle füllen.

3 Das Fischfilet waschen, trocken tupfen, in etwa 1 cm große Würfel schneiden und mit Salz würzen. Die Fischwürfel etwa 5 Minuten in das Tiefkühlfach stellen. Mit dem Senf und der Zitronenschale in den Blitzhacker geben und mit etwas Muskatnuss und der Mischung aus der Mühle würzen. Den Fisch so lange pürieren, bis die Masse zu binden beginnt. Ein Drittel der Sahne zum Fisch geben und gut unterrühren. Die restliche Sahne nach und nach untermixen, bis eine glatte Farce entstanden ist.

4 Das Krabbenfleisch gut abtropfen lassen und unter die Farce rühren. Die Frühlingszwiebeln putzen, waschen und schräg in feine Ringe schneiden. Den Ingwer schälen, fein hacken und mit den Frühligszwiebeln und dem Meerrettich ebenfalls unter die Farce rühren. Eventuell etwas nachwürzen.

5 Aus der Farce mit gut angefeuchteten Händen kleine Pflanzerl formen und in den Bröseln wenden. Das Öl in einer Pfanne erhitzen und die Pflanzerl darin bei mittlerer Hitze auf beiden Seiten goldbraun braten. Die Krabbenpflanzerl mit dem Joghurtdip servieren.

Hätten Sie's gewusst? Die **GURKE** ist botanisch gesehen eine große Beere und wird zu den Kürbisgewächsen gezählt. Bezüglich des Anbaus wird zwischen Salatgurken (für den rohen Verzehr und zum Kochen) und Einlegegurken (für Sauerkonserven) unterschieden. Gurken bestehen zwar zu etwa 97 % aus Wasser, aber der Rest hat es in sich: Hier findet man wichtige Ballast- und Mineralstoffe wie Kalium, die die Nieren durchspülen und überschüssiges Wasser aus dem Gewebe schwemmen. Da Gurken in der Regel nicht behandelt werden dürfen, kann man die gut gewaschene Schale mitessen. Auch die Kerne sollte man idealerweise nicht entfernen, da in ihnen und in der Schale die meisten Ballast- und Mineralstoffe sitzen. Ob Salatgurken frisch sind, erkennt man übrigens an der knackigen Schale und daran, dass sie sich nicht biegen lassen.

FLEISCH

Fleisch ist besser als sein Ruf! Hin und wieder ein gutes Stück Fleisch – damit leistet man einen wichtigen Beitrag zur Gesundheit. Es gibt sogar Vitamine, die man fast nur in Fleisch findet. Es liefert Energie, stärkt die Abwehrkräfte und unterstützt die Blutbildung. Und wenn man zu Geflügelfleisch greift, tut man zudem noch etwas für die schlanke Linie.

Kalbskotelett

mit gratinierter Selleriekruste

Zutaten für 4 Personen:

1–2 TL Öl

4 Kalbskoteletts (à ca. 350 g)

350 g Knollensellerie

100 g Sahne

50 g braune Butter (siehe Tipp S. 85)

Salz · Pfeffer aus der Mühle

frisch geriebene Muskatnuss

3 Wirsingblätter

4 EL Weißbrotbrösel

4 EL flüssige Butter

1 Den Backofen auf 100 °C vorheizen. Ein Ofengitter auf die mittlere Schiene und darunter ein Abtropfblech schieben.

2 Das Öl in einer Pfanne erhitzen und die Kalbskoteletts darin bei mittlerer Hitze auf beiden Seiten anbraten. Das Fleisch aus der Pfanne nehmen und im Backofen auf dem Ofengitter etwa 1 Stunde rosa garen.

3 Für die Kruste den Sellerie schälen und in kleine Würfel schneiden. Die Sahne in einem Topf erhitzen und die Selleriestücke darin zugedeckt etwa 30 Minuten weich garen. In ein Sieb abgießen und dabei den Kochsud auffangen.

4 Den Sellerie im Blitzhacker pürieren und dabei so viel Kochsud hinzufügen, bis ein cremiges Püree entsteht. Die braune Butter unterrühren und das Püree mit Salz, Pfeffer und etwas Muskatnuss abschmecken.

5 Die Wirsingblätter waschen, die Blattrippen entfernen und die Blätter in Salzwasser 6 bis 7 Minuten weich kochen. In ein Sieb abgießen, kalt abschrecken, abtropfen lassen und mit den Händen gut ausdrücken. Den Wirsing klein schneiden und unter die Selleriemasse rühren.

6 Die Kalbskoteletts aus dem Ofen nehmen und mit Salz und Pfeffer würzen. Den Backofengrill einschalten. Die Koteletts mit der Selleriemasse bestreichen, mit den Bröseln bestreuen und mit der Butter beträufeln. Unter dem Backofengrill auf der untersten Schiene etwa 4 Minuten gratinieren. Dazu passt geschmortes Wurzelgemüse oder Bohnengemüse.

Sowohl Stauden- als auch **KNOLLENSELLERIE** werden seit langer Zeit als Heil-, Würz- und Gemüsepflanzen angebaut. Seine Inhaltsstoffe sind so wirksam, dass man Sellerie in den USA zu den Top-Ten-Lebensmitteln zum Schutz gegen Krebs erklärt hat. Für den unverwechselbaren Geruch und Geschmack sind Terpene verantwortlich, die nachhaltigen Einfluss auf den gesamten Stoffwechsel haben: Diese sekundären Pflanzenstoffe verhindern die Steinbildung im gesamten harnableitenden System und schützen vor schmerzhaften Entzündungen in Nieren, Blase und Darm. Außerdem regen sie zusammen mit den reichlich im Sellerie enthaltenen Ballaststoffen die Verdauung an und helfen gegen Verstopfung.

Eiweiß, Eisen und Magnesium: Dieses Powertrio ist das große Gesundheitsplus von **KALBFLEISCH.** Es versorgt den Körper mit fast allen lebensnotwendigen Aminosäuren (Eiweißbausteinen), ermöglicht den Aufbau bzw. den Erhalt von Körpersubstanz und sorgt für eine ideale Versorgung der Zellen mit Sauerstoff.

Kalbsrouladen

mit Schinken-Gemüse-Füllung

Zutaten für 4 Personen:

1 1/2 kleine Zwiebeln

2 Karotten

150 g Knollensellerie

ca. 2 1/2 EL Öl

1 EL getrocknete Totentrompetenpilze

80 g gekochter Schinken (in Würfeln)

1–2 TL scharfer Senf

2 EL Sahne

150 g Kalbsbrät (vom Metzger)

1 Msp. abgeriebene unbehandelte Zitronenschale

1 EL Petersilienblätter (frisch geschnitten)

Cayennepfeffer

frisch geriebene Muskatnuss

8 dünne Scheiben Kalbfleisch (aus der Keule; à ca. 80 g)

1 TL Puderzucker

1 EL Tomatenmark

150 ml kräftiger Rotwein

500 ml Geflügelbrühe

1 kleines Lorbeerblatt

1/2 Knoblauchzehe

1 Streifen unbehandelte Zitronen- oder Orangenschale

2 EL kalte Butter

Salz · Pfeffer aus der Mühle

1 Für die Rouladen 1/2 Zwiebel, 1 Karotte und 50 g Sellerie schälen und in feine Würfel schneiden. In einer Pfanne bei mittlerer Hitze in 1 EL Öl andünsten und abkühlen lassen. Die Pilze in Wasser aufkochen, vom Herd nehmen und 5 Minuten ziehen lassen. Abtropfen lassen und klein schneiden. Mit dem vorbereiteten Gemüse, Schinken, Senf und Sahne unter das Brät mischen, mit Zitronenschale, Petersilie sowie je 1 Prise Cayennepfeffer und Muskatnuss und gegebenenfalls Salz würzen.

2 Das Fleisch zwischen zwei Lagen geölter Frischhaltefolie mit der flachen Seite des Fleischklopfers leicht plattieren. So mit dem Brät bestreichen, dass die Ränder frei bleiben. Die Längsseiten ein wenig nach innen schlagen, dann vom schmalen Ende her fest aufrollen und feststecken.

3 Das restliche Gemüse schälen und in 1/2 cm große Würfel schneiden. Die Rouladen in einer Pfanne in 1 EL Öl bei milder Hitze rundum anbraten und wieder herausnehmen. Dann das vorbereitete Gemüse andünsten. Den Puderzucker in einem Topf hell karamellisieren, das Tomatenmark kurz mitdünsten, mit Wein ablöschen und sämig einköcheln lassen. Die Gemüsewürfel hinzufügen, die Brühe angießen, die Rouladen dazugeben und zugedeckt etwa 2 1/2 Stunden weich schmoren. Nach 2 Stunden das Lorbeerblatt hinzufügen. Am Ende der Garzeit Knoblauch, Zitronen- oder Orangenschale dazugeben. Die Rouladen herausnehmen, die Sauce durch ein Sieb passieren und das Gemüse dabei etwas durchdrücken. Die kalte Butter unterrühren. Die Sauce mit Salz und Pfeffer würzen und die Rouladen darin nochmals erwärmen. Dazu passen Kartoffelrösti.

Dunkle, vollmundige Saucen sind ohne **ROTWEIN** in der guten Küche undenkbar. Über den Alkoholgehalt einer solchen Sauce muss man sich keine Gedanken machen, denn der Alkohol verflüchtigt sich beim Kochen nahezu vollständig. Zurück bleiben die wertvollen Farb- und Gerbstoffe aus dem Wein und eine feine Säure. Die im Wein enthaltenen Gerbsäuren (Tannine) senken den Cholesterinspiegel und können Arterienverkalkung verhindern; damit reduzieren sie das Herzinfarktrisiko. Die Tannine schützen vor freien Radikalen, verhindern die Entstehung von Krebs, bekämpfen Bakterien und Viren und stabilisieren den Blutzuckerspiegel.

Kalbsschnitzel

in Sherrysauce mit gebratenen Steinpilzen

Zutaten für 4 Personen:

300 g kleine feste Steinpilze

8 kleine Kalbsschnitzel (aus der Oberschale; à ca. 70 g)

ca. 1½ EL Öl

5 cl Sherry (medium dry)

100 ml Geflügelbrühe

60 g kalte Butter

1 Streifen unbehandelte Zitronenschale

½ ausgekratzte Vanilleschote

1 Zweig Thymian

Salz · Pfeffer aus der Mühle

gemahlener Kümmel

1 Msp. abgeriebene unbehandelte Zitronenschale

1 Die Steinpilze putzen, trocken abreiben und in etwa ½ cm dicke Scheiben schneiden. Die Kalbsschnitzel zwischen zwei Lagen geölter Frischhaltefolie mit der glatten Seite des Fleischklopfers leicht plattieren.

2 In einer Pfanne 1 TL Öl erhitzen und die Kalbsschnitzel darin bei mittlerer Hitze auf beiden Seiten kurz anbraten. Die Schnitzel aus der Pfanne nehmen und den Bratensatz mit Sherry ablöschen. Die Brühe angießen und auf die Hälfte einköcheln lassen. Die Pfanne vom Herd nehmen und 50 g kalte Butter in Stücken unterrühren. Zitronenschale, Vanilleschote und gewaschenen Thymian kurz in der Sauce ziehen lassen und wieder entfernen. Die Schnitzel in der Sauce erhitzen, mit Salz und Pfeffer würzen.

3 Das restliche Öl in einer Pfanne erhitzen und die Steinpilze darin bei mittlerer Hitze 2 bis 3 Minuten goldbraun braten. Die Pilze mit 1 Prise Kümmel, abgeriebener Zitronenschale, Salz und Pfeffer würzen und zuletzt die restliche Butter dazugeben. Die Kalbsschnitzel mit der Sherrysauce und den gebratenen Steinpilzen auf vorgewärmten Tellern anrichten. Dazu passen Kartoffelrösti.

Tipp

Je weniger Fett man zum Anbraten der Schnitzel verwendet, desto intensiver ist der Bratgeschmack. Es entsteht dann ein schöner Bratensatz, der – mit Sherry abgelöscht – eine aromatische Sauce ergibt.

Zweifellos zählen **STEINPILZE** zu den schmackhaftesten und beliebtesten Speisepilzen. Sie können bis heute nicht kultiviert werden, was sie zusätzlich zu einem besonderen Leckerbissen macht. Sie sind wie alle Speisepilze reich an Eiweiß und haben dabei sehr wenig Kohlenhydrate und Fett – ideale Kost also für alle, die auf ihre Linie achten. Gichtkranke sollten hingegen auf den Genuss von Steinpilzen verzichten: Wie all ihre Verwandten enthalten sie nämlich Purine, die der Körper zu Harnsäure abbaut.

Kalbsfilet

im Schinken-Spinat-Mantel mit Gemüse

Zutaten für 4 Personen:

Für das Fleisch:

100 g Blattspinat

Salz

4 Scheiben San-Daniele-Schinken

600 g Kalbsfilet

Pfeffer aus der Mühle

2–3 EL Olivenöl

Für das Gemüse:

30 g getrocknete Spitzmorcheln

1/4 Blumenkohl

1 kleiner Kohlrabi

je 250 g weißer Spargel und kleine Karotten

150 g Erbsen (ausgelöst)

Salz

70 ml Gemüsebrühe

1 EL Butter

1 Knoblauchzehe (halbiert)

1 Scheibe Ingwer

1 Streifen unbehandelte Zitronenschale

Pfeffer aus der Mühle

frisch geriebene Muskatnuss

1 Für das Fleisch den Backofen auf 100 °C vorheizen. Ein Ofengitter auf die mittlere Schiene und darunter ein Abtropfblech schieben. Den Spinat verlesen, waschen und abtropfen lassen, grobe Stiele entfernen. In kochendem Salzwasser kurz blanchieren, abgießen, kalt abschrecken und gut abtropfen lassen. Die Schinkenscheiben leicht überlappend nebeneinanderlegen und den Spinat darauf verteilen. Das Kalbsfilet mit Salz und Pfeffer würzen, dünn mit Olivenöl bestreichen und in den Schinken wickeln. Die Schinkenscheiben außen ebenfalls dünn mit Olivenöl bestreichen. Das restliche Olivenöl in einer Pfanne erhitzen und die Kalbsfiletroulade darin rundum anbraten. Das Fleisch aus der Pfanne nehmen und im Backofen auf dem Ofengitter 1 bis 1 1/2 Stunden rosa garen.

2 Für das Gemüse die Morcheln in 500 ml Wasser kurz aufkochen, 5 Minuten quellen lassen und in ein Sieb abgießen. Den Blumenkohl putzen, waschen und in Röschen teilen, den Kohlrabi schälen und in 1 cm breite Stifte schneiden. Den Spargel schälen und die holzigen Enden abschneiden, die Stangen in 5 cm lange Stücke schneiden. Die Karotten putzen, schälen, längs vierteln und in Stifte schneiden.

3 Die Gemüsesorten bis auf die Morcheln in reichlich kochendem Salzwasser nacheinander bissfest blanchieren, kalt abschrecken und abtropfen lassen. Das Gemüse in einem großen Topf in der Brühe mit der Butter bei mittlerer Hitze erwärmen. Die ganzen Gewürze dazugeben, einige Minuten darin ziehen lassen und wieder entfernen. Die Morcheln untermischen und das Gemüse mit Salz, Pfeffer und Muskatnuss würzen. Das Filet in Scheiben schneiden und mit dem Gemüse anrichten.

Das Traumpaar schlechthin aus dem Reich der Gewürze sind **KNOBLAUCH** und **INGWER**. Nicht nur, dass die beiden unzählige Gerichte mit ihren unvergleichlichen Aromen bereichern; sie fördern auch das allgemeine Wohlbefinden, indem sie sich positiv auf die Verdauung – vor allem fettreicher Nahrungsmittel – auswirken. Daneben wartet das Duo mit einem Mix aus ätherischen Ölen auf, die das Blut flüssig halten und somit die Gefahr von Herzinfarkt und Schlaganfall verringern.

Rinderlende

mit Thymian-Senf-Kruste und Kräutersalat

Zutaten für 4 Personen:

Für den Salat:

20 g gemischte Kräuterblätter (z. B. Rucola, Basilikum, Dill, Brunnenkresse)

1 EL Olivenöl

1 TL Zitronensaft

1 Msp. abgeriebene unbehandelte Zitronenschale

Salz · Pfeffer aus der Mühle

Für das Fleisch:

3–4 Zweige Thymian

4 dünne Scheiben Rinderlende (à ca. 80 g)

ca. 3 ½ EL Öl

Salz · Pfeffer aus der Mühle

2–3 EL scharfer Senf

60 g doppelgriffiges Mehl

1 Für den Salat die Kräuterblätter waschen und trocken schütteln. Das Olivenöl mit Zitronensaft und -schale mischen und mit Salz und Pfeffer würzen.

2 Für die Rinderlende den Thymian waschen, trocken schütteln, die Blätter abzupfen und fein hacken. Das Fleisch zwischen zwei Lagen geölter Frischhaltefolie mit der glatten Seite des Fleischklopfers leicht plattieren. Auf beiden Seiten mit Salz und Pfeffer würzen und mit dem Senf bestreichen. Mit dem Thymian bestreuen und im Mehl wenden.

3 Das restliche Öl in einer Pfanne erhitzen und das Fleisch darin bei mittlerer Hitze auf beiden Seiten je etwa 2 Minuten braten. Herausnehmen und auf Küchenpapier abtropfen lassen. Die Kräuterblätter gründlich mit dem Dressing mischen und die Rinderlende mit dem Kräutersalat anrichten.

Tipp

Dazu passen Thymiankartoffeln: Dafür 500 bis 600 g kleine festkochende Kartoffeln waschen und in der Schale in reichlich Salzwasser mit Kümmel etwa 20 Minuten weich kochen. Kartoffeln abgießen, halbieren und in einer Pfanne in wenig Öl goldbraun anbraten. 2 halbierte Knoblauchzehen und 3 bis 4 gewaschene Thymianzweige dazugeben und kurz mitbraten. 1 bis 2 EL braune Butter (siehe Tipp S. 85) untermischen und die Kartoffeln mit Salz und Pfeffer würzen.

Schon in der Antike fand **THYMIAN** aufgrund seiner Würzkraft und Heilwirkung häufig Verwendung. Kein Wunder, denn das Kraut präsentiert sich als wahrer »Alleskönner«. Es wirkt keimtötend, schleim- und krampflösend – Eigenschaften, die allesamt auf das Konto ätherischer Öle gehen. Da Thymian zudem organische Säuren, Flavonoide, Gerb- und Bitterstoffe enthält, kann er auch den Appetit anregen und die Verdauung fördern.

Während **RUCOLA** unsere Küchen erst in den letzten Jahren als »Modekraut« erobert hat, ist er im Mittelmeerraum ein alter Bekannter. Die Rauke gehört zur Familie der Kreuzblütler und hat einen scharfen, nussigen Geschmack, der ein wenig an Brunnenkresse erinnert. Verantwortlich für diese Schärfe sind Glucosinolate, die krebsvorbeugend und keimtötend wirken und den Cholesterinspiegel senken. Die gezackten grünen Blätter haben außerdem eine harntreibende Wirkung und stärken den Körper mit den Antioxidantien Zink und Betacarotin.

Rinderfiletsteak

mit Karotten-Birnen-Gemüse und Gewürzbutter

Zutaten für 4 Personen:

Für das Fleisch:

4 Rinderfilet- oder Kalbsfiletsteaks (aus dem Mittelstück; à 200 g und 5–6 cm dick)

1–2 TL Öl

1 TL grüne Kardamomkapseln

4 EL Butter

2 kleine rote Chilischoten

1 Knoblauchzehe (halbiert)

½ ausgekratzte Vanilleschote

1 Zweig Thymian

Salz · Pfeffer aus der Mühle

Für das Gemüse:

2 Karotten

1–2 TL Öl

125 ml Gemüsebrühe

½ ausgekratzte Vanilleschote

½ Knoblauchzehe

1–2 EL Butter

Salz · Pfeffer aus der Mühle

Cayennepfeffer

1 reife, feste, rotschalige Birne

1–2 TL Puderzucker

Außerdem:

einige Tropfen Arganöl

1 Für das Fleisch den Backofen auf 100 °C vorheizen. Ein Ofengitter auf die mittlere Schiene und darunter ein Abtropfblech schieben. Die Steaks mit dem Handballen leicht flach drücken. Das Öl in einer Pfanne erhitzen und die Steaks darin bei mittlerer Hitze auf beiden Seiten kurz anbraten. Das Fleisch aus der Pfanne nehmen und im Backofen auf dem Ofengitter 50 bis 60 Minuten rosa garen.

2 Den Kardamom in einer beschichteten Pfanne leicht anrösten, die Butter dazugeben und zerlassen. Die Chilischoten waschen und mit dem Knoblauch, der Vanilleschote und dem Thymian hinzufügen. Die Filetsteaks in der Gewürzbutter wenden und mit Salz und Pfeffer würzen.

3 Für das Gemüse die Karotten putzen, schälen und schräg in 2 bis 3 mm dicke Scheiben schneiden. Bei mittlerer Hitze im Öl kurz andünsten. Die Brühe angießen, Vanilleschote und Knoblauch dazugeben und die Karotten zugedeckt bei milder Hitze etwa 8 Minuten garen. Die Butter hinzufügen und die Karotten mit Salz, Pfeffer und 1 Prise Cayennepfeffer abschmecken.

4 Die Birne waschen, vierteln, entkernen und in Spalten schneiden. In einer Pfanne bei mittlerer Hitze den Puderzucker hell karamellisieren, die Birnenspalten darin auf beiden Seiten anbraten und unter die Karotten mischen. Den Knoblauch und die Vanilleschote wieder entfernen.

5 Die Filetsteaks mit dem Karotten-Birnen-Gemüse auf vorgewärmten Tellern anrichten. Mit dem Arganöl beträufeln.

Man soll Äpfel nicht mit **BIRNEN** vergleichen, heißt es im Volksmund. Wenn es um die gesunden Inhaltsstoffe der Früchte geht, kann man dieses Sprichwort jedoch getrost vergessen. Denn beide sind Rund-um-Gesund-Pakete aus der Natur: Sie stecken voller Ballaststoffe (Pektine), die überschüssiges Cholesterin binden und aus dem Körper ausleiten. Hochwirksames Vitamin C und Betacarotin sind die Radikalfänger schlechthin, die den Körper gesund und jung halten. Gegenüber dem Apfel hat die Birne ein großes Plus: Da sie weniger Fruchtsäure, dafür aber mehr Fruchtzucker enthält, ist sie süßer und auch für einen empfindlichen Magen gut bekömmlich.

Das feine Aroma der **VANILLESCHOTE** kann besonders gut das milde Karotten-Birnen-Gemüse »veredeln«. Der wichtigste in der Vanille vorkommende und geschmacksgebende Wirkstoff ist das Vanillin. Das Fruchtmark aus den schwarzen Schoten enthält außerdem Alkaloide, die das Pilzwachstum hemmen.

Wurzelfleisch vom Schweinefilet

mit Meerrettich-Kräuter-Pesto

Zutaten für 4 Personen:

Für das Fleisch:

1 l Geflügelbrühe

1 EL Zucker · Salz

5 EL Rotweinessig

500–600 g Schweinefilet

2 EL Öl

1 Karotte · 1 weiße Zwiebel

100 g Knollensellerie

50 g Lauch

je 1 TL Piment-, schwarze Pfeffer- und Korianderkörner

4 angedrückte Wacholderbeeren

1 kleines Lorbeerblatt

1 Knoblauchzehe (geschält)

1 Scheibe Ingwer

Für das Pesto:

30 g geschälte ganze Mandeln

1 Bund Basilikum

50 g Blattspinat (blanchiert und ausgedrückt)

1 EL geriebener Parmesan

1–2 EL Sahnemeerrettich (aus dem Glas)

½ TL Zitronensaft

150 ml Olivenöl

Salz · Pfeffer aus der Mühle

1 Für das Fleisch die Brühe in einem Topf aufkochen und mit Zucker, 1 EL Salz und Essig süßsauer abschmecken. Das Schweinefilet von Fett und Sehnen befreien. In einer Pfanne 1 EL Öl erhitzen und das Filet darin bei mittlerer Hitze auf allen Seiten kurz anbraten.

2 Die Karotte, die Zwiebel und den Sellerie schälen, den Lauch putzen und waschen, alles in dünne Streifen schneiden. Gewürzkörner, Wacholderbeeren und Lorbeerblatt in ein Gewürzsäckchen füllen und das Säckchen verschließen. Das restliche Öl in einem großen Topf erhitzen und das Gemüse darin bei milder Hitze andünsten. Die süßsaure Brühe angießen und das Gewürzsäckchen hinzufügen. Alles aufkochen lassen. Das Schweinefilet mit dem Knoblauch und dem Ingwer in den Topf geben und das Fleisch knapp unter dem Siedepunkt 20 Minuten saftig durchziehen lassen.

3 Für das Pesto die Mandeln in einer beschichteten Pfanne ohne Fett hell rösten und abkühlen lassen. Das Basilikum waschen, trocken schütteln und die Blätter von den Stielen zupfen. Mandeln, Basilikum, alle restlichen Zutaten und den Knoblauch aus der Brühe im Küchenmixer zu einer Paste pürieren und mit Salz und Pfeffer würzen.

4 Das Schweinefilet in 1 cm dicke Scheiben schneiden, mit den Gemüsestreifen und etwas Pesto in vorgewärmten tiefen Tellern anrichten, mit etwas Kochsud beträufeln.

Tipp

Gewürzsäckchen verwendet man, wenn viele ganze Gewürze nach dem Garen wieder aus dem Gericht entfernt werden sollen. Am besten eignen sich dafür Einwegteefilter, die man mit Küchengarn zubindet.

Unter den Fleischsorten rangiert **SCHWEINEFLEISCH** in Deutschland seit Jahren unangefochten auf Platz eins. Kein Wunder, denn bei guter Qualität ist es zart, feinfaserig und leicht marmoriert. Es liefert hochwertige Spurenelemente wie Eisen und Zink und zusätzlich die Vitamine A und B_1 (Thiamin). Außerdem ist es eine hervorragende Eiweißquelle. Der Fettgehalt der verschiedenen Teilstücke variiert ganz erheblich: Bauchfleisch hat den höchsten Fettanteil, während das hochwertigere Filetstück besonders mager ist. Insgesamt hat sich der Fettanteil jedoch in jüngster Zeit durch Züchtung verringert. Frisches Schweinefleisch sollten Sie immer im Kühlschrank aufbewahren und innerhalb von 3 Tagen zubereiten.

Lammcurry

mit Kokos und Mango

Zutaten für 4 Personen:

1 kg Lammfleisch (aus Schulter oder Keule)

3 Zwiebeln

3 EL Öl

150 ml Geflügelbrühe

1 EL Tomatenmark

200 g pürierte Tomaten (aus der Dose)

150 ml Kokosmilch

½ Apfel

½ reife Mango

1 Knoblauchzehe

2 Scheiben Ingwer

2 EL mildes Currypulver

1 TL abgeriebene unbehandelte Zitronenschale

Salz

1 Das Lammfleisch von Fett und Sehnen befreien und in 2 bis 2 ½ cm große Stücke schneiden. Die Zwiebeln schälen und in feine Würfel schneiden.

2 In einer Pfanne 1 bis 2 EL Öl erhitzen, das Lammfleisch darin portionsweise bei milder Hitze anbraten und aus der Pfanne nehmen. Den Bratensatz mit der Brühe ablöschen und beiseitestellen.

3 Das restliche Öl in einem Topf erhitzen und die Zwiebelwürfel darin bei milder Hitze goldbraun braten. Das Tomatenmark unterrühren und kurz mitbraten. Das Lammfleisch mit dem Bratensatz, den pürierten Tomaten und der Kokosmilch dazugeben. Das Lammcurry offen knapp unter dem Siedepunkt 3 bis 3 ½ Stunden garen.

4 Den Apfel schälen, entkernen und in etwa ½ cm große Würfel schneiden. Die Mango schälen, das Fruchtfleisch zuerst vom Stein und dann in 1 cm große Würfel schneiden. Knoblauch und Ingwer schälen und hacken.

5 Die Apfel- und Mangowürfel in den Topf geben und mit dem Knoblauch, dem Ingwer, dem Curry und der Zitronenschale unterrühren. Das Lammcurry einige Minuten knapp unter dem Siedepunkt ziehen lassen. Zuletzt mit Salz und nach Belieben 1 Prise Cayennepfeffer würzen. Das Lammcurry mit Basmatireis servieren.

Die einen lieben es, den anderen schmeckt es zu intensiv: Am **LAMMFLEISCH** scheiden sich die Geister. Dabei ist diese Fleischsorte aus ernährungsphysiologischer Sicht ein besonders wertvolles Nahrungsmittel. Bei guter Qualität hat es garantiert nicht den durchdringenden Hammelgeschmack, den Skeptiker oft fälschlicherweise ins Feld führen. Stattdessen liefert es viel Eiweiß, Vitamin A und zahlreiche B-Vitamine. Nur 100 g Lammfleisch aus der Keule decken fast den gesamten Tagesbedarf an Vitamin B_{12}, das mit Eisen und Folsäure für die Bildung der roten Blutkörperchen verantwortlich ist. Daneben enthält Lammfleisch Mineralstoffe und Spurenelemente wie Magnesium, Kalium, Kalzium, Zink und vor allem Eisen: Je dunkler das Fleisch ist, desto höher ist auch der Anteil an diesem lebenswichtigen Vitalstoff.

Lammkarree

mit Curry-Auberginen-Püree

Zutaten für 4 Personen:

Für das Püree:

1 große Aubergine

Salz

4 EL mildes Olivenöl

1 große Tomate

4 Frühlingszwiebeln

2 EL Gemüsebrühe

1 TL mildes Currypulver

Cayennepfeffer

Für das Fleisch:

2 Lammkarrees (à 600 g)

1 EL Öl

1 Zweig Rosmarin

1 rote Chilischote

4 EL Butter

1 Knoblauchzehe (in Scheiben)

1 Scheibe Ingwer

Salz · Pfeffer aus der Mühle

1 Für das Püree den Backofen auf 200 °C vorheizen. Die Aubergine längs halbieren, das Fruchtfleisch kreuzweise einschneiden und mit der Schnittseite nach oben auf ein Backblech legen. Die Auberginenhälften mit Salz bestreuen, mit 2 EL Olivenöl beträufeln und im Backofen auf der mittleren Schiene 20 bis 30 Minuten backen. Das Fruchtfleisch aus den Schalen lösen und grob hacken.

2 Die Tomate kreuzweise einritzen, überbrühen, häuten, vierteln und entkernen, das Fruchtfleisch in kleine Würfel schneiden. Die Frühlingszwiebeln putzen, waschen und in feine Ringe schneiden.

3 Für das Fleisch die Backofentemperatur auf 100 °C reduzieren. Ein Ofengitter auf die mittlere Schiene und darunter ein Abtropfblech schieben. Die Lammkarrees waschen, trocken tupfen und in einer Pfanne im Öl bei mittlerer Hitze rundum anbraten. Das Fleisch aus der Pfanne nehmen und im Backofen auf dem Ofengitter 50 bis 60 Minuten rosa garen.

4 Den Rosmarin waschen, trocken schütteln und die Nadeln abzupfen. Die Chilischote längs halbieren, entkernen, waschen und in feine Streifen schneiden. Kurz vor dem Servieren die Brühe in einem Topf erhitzen und den Curry unterrühren. Das Auberginenfruchtfleisch, die Tomate und die Frühlingszwiebeln dazugeben und erhitzen. Das restliche Olivenöl hinzufügen, das Püree mit Salz und 1 Prise Cayennepfeffer abschmecken. Die Butter in einem Topf zerlassen, Rosmarin, Chili, Knoblauch und Ingwer dazugeben. Das Fleisch in der Butter wenden. Mit Salz und Pfeffer würzen und mit dem Curry-Auberginen-Püree servieren.

Die zu den Nachtschattengewächsen zählende »Eierfrucht« fristet hierzulande noch immer ein Schattendasein – ganz zu Unrecht, denn die **AUBERGINE** mag pur fade schmecken, ihr »Innenleben« aber hat einiges zu bieten. Die Ballaststoffe, die vor allem in der Schale und den kleinen Kernchen stecken, aktivieren den Darm und regulieren den Cholesterinspiegel. Reichlich Kalium sorgt dafür, dass überschüssige Wasseransammlungen aus dem Gewebe gespült werden. Und Vitamin C unterstützt im Doppelpack mit Mangan den Aufbau von Bindegewebe und wehrt freie Radikale ab. Diese Effekte werden in diesem Gericht von den Inhaltsstoffen aus Knoblauch, Ingwer und Chili noch zusätzlich gepusht.

Für zartes Lammfleisch gibt es keinen besseren Partner als den aus dem Mittelmeerraum stammenden **ROSMARIN**. Die in den grünen Nadeln enthaltenen ätherischen Öle regen die Magensaftproduktion an und machen deftige Speisen bekömmlicher. Außerdem fördert Rosmarin die Fettverdauung und kommt so auch der Figur zugute.

Zitronenhähnchen

in Gewürzmarinade

Zutaten für 4 Personen:

4 Hähnchenbrustfilets (à ca. 120 g)

80 ml mildes Olivenöl

Salz · Pfeffer aus der Mühle

150 ml Geflügelbrühe

1 TL grüne Kardamomkapseln

½ Zimtrinde

½ ausgekratzte Vanilleschote

1 Knoblauchzehe (in Scheiben)

2 Scheiben Ingwer

1 kleine getrocknete Chilischote

1–2 TL abgeriebene unbehandelte Zitronenschale

1 Döschen Safranfäden (0,1 g)

Saft von 1 Zitrone

1 Den Backofen auf 100 °C vorheizen. Ein Ofengitter auf die mittlere Schiene und darunter ein Abtropfblech schieben.

2 Die Hähnchenbrustfilets waschen und trocken tupfen. In einer tiefen Pfanne 1 EL Olivenöl erhitzen und das Hähnchenfleisch darin auf beiden Seiten bei mittlerer Hitze 1 bis 2 Minuten anbraten. Die Hähnchenbrüste aus der Pfanne nehmen und im Backofen auf dem Ofengitter etwa 30 Minuten garen. Anschließend mit Salz und Pfeffer würzen, schräg in Drittel schneiden und nebeneinander in eine tiefe Servierschale legen.

3 Die Brühe erhitzen und vom Herd nehmen. Kardamom, Zimt, Vanilleschote, Knoblauch, Ingwer, Chilischote, Zitronenschale und Safran hinzufügen. 5 Minuten ziehen lassen, Zitronensaft und restliches Olivenöl unterrühren und die Marinade mit Salz und Pfeffer würzen.

4 Die Marinade über das Hähnchenfleisch gießen und sofort servieren. Oder zugedeckt mehrere Stunden ziehen lassen und kalt servieren. Nach Belieben mit Minze garnieren.

Tipp

Zu dem Zitronenhähnchen können Sie frisches Baguette, Knoblauchbaguette oder einen gemischten Salat servieren.

Kleine Erfrischung gefällig? Dann sind Sie mit **ZITRONEN** bestens bedient. Der Spitzenreiter unter den Zitrusfrüchten in puncto Inhaltsstoffe wirkt anregend und stimmungsaufhellend. Mit einer Superdosis an Vitamin C, einem natürlichen Antioxidans, werden aggressive Sauerstoffmoleküle unschädlich gemacht, die durch Stress, Rauchen, Alkohol, zu wenig Schlaf, Umweltgifte und starke Sonneneinstrahlung entstehen. Außerdem erhöht das wasserlösliche Vitamin die Eisenaufnahme ins Blut.

Mit **HÄHNCHENFLEISCH** versorgen Sie Ihren Körper optimal mit hochwertigem Eiweiß und tappen dabei garantiert in keine Fettfalle. Das zarte helle Fleisch ist ein hervorragender Eisen-, Magnesium- und Zinklieferant und reich an wasserlöslichen B-Vitaminen. Davon profitieren die Blutbildung, Nerven, Muskeln und das Immunsystem.

Brathendl

auf marokkanische Art

Zutaten für 4 Personen:

Für das Fleisch:

1 Poularde (Masthuhn; ca. 1,5 kg)

1–2 TL Harissa (marokk. Würzpaste)

½ kleine Zwiebel

½ unbehandelte Zitrone

½ Apfel

6 Stiele Petersilie

6 Knoblauchzehen

50 g flüssige Butter · Salz

Für die Sauce:

2 Zwiebeln

2 EL Butter

1–2 TL Tomatenmark

1 EL Zitronensaft

300 ml Geflügelbrühe

50 g geschälte ganze Mandeln

50 g getrocknete Aprikosen

1 Knoblauchzehe (halbiert)

1 Scheibe Ingwer

1 Streifen unbehandelte Zitronenschale

1 Für das Fleisch die Poularde innen und außen waschen, trocken tupfen und mit der marokkanischen Würzpaste einstreichen. Das Hähnchen über Nacht zugedeckt im Kühlschrank ziehen lassen.

2 Am nächsten Tag den Backofen auf 160 °C vorheizen. Die Zwiebel schälen, Zitrone und Apfel waschen und in 1 bis 2 cm große Stücke schneiden. Die Petersilie waschen, trocken schütteln und samt Stielen klein schneiden. Den Knoblauch schälen und in Scheiben schneiden. Alles mischen und die Poularde damit füllen. Die flüssige Butter mit Salz würzen und die Poularde damit bestreichen.

3 Für die Sauce die Zwiebeln schälen und in feine Ringe schneiden. In einem Topf bei milder Hitze in der Butter hellbraun braten. Das Tomatenmark dazugeben und 1 bis 2 Minuten mitbraten. Den Zitronensaft hinzufügen und die Brühe angießen. Mandeln und Aprikosen dazugeben und alles in einen Bräter umfüllen.

4 Das gefüllte Hähnchen auf die Sauce in den Bräter setzen und im Backofen auf der untersten Schiene 1 bis 1 ½ Stunden garen. Die Temperatur auf 200 °C erhöhen, die Poularde nochmals mit Butter bestreichen und weitere 15 bis 25 Minuten goldbraun braten.

5 Das Brathähnchen aus dem Bräter nehmen. Knoblauch, Ingwer und Zitronenschale zur Sauce geben, einige Minuten darin ziehen lassen und wieder entfernen.

6 Das Brathähnchen tranchieren und die Füllung entfernen. Das Hähnchen mit der Sauce servieren. Dazu schmeckt Fladen- oder Weißbrot, Reis oder Couscous.

Kleine Zehen, große Wirkung: Der **KNOBLAUCH** gilt als Universalheilmittel. In früheren Zeiten glaubte man mit ihm sogar die Pest vertreiben zu können; Menschen mit empfindlicher Nase hält er auf jeden Fall auf Distanz. Aber selbst die durchdringenden Geruchsstoffe konnten die steile Karriere des Knoblauchs nicht stoppen. Gerade sie sind es, die Bakterien und Viren im Körper Paroli bieten und den Knoblauch zu einem erstklassigen natürlichen Antibiotikum machen. Aber die kleinen Zehen können noch mehr: Sie halten das Blut flüssig, normalisieren erhöhte Blutfettwerte und helfen bei Verdauungsstörungen. Und mit Vitamin C und dem seltenen Selen liefert Knoblauch zusätzlich zwei wirksame Stoffe im Kampf gegen freie Radikale.

Orientalisches Backhendl

in Joghurt mariniert

Zutaten für 4 Personen:

4 Hähnchenbrustfilets (à 150 g)

2 Scheiben Ingwer

1 Knoblauchzehe

150 g Naturjoghurt

abgeriebene Schale von 1 unbehandelten Zitrone

1 TL abgeriebene unbehandelte Orangenschale

getrocknetes Bohnenkraut

milde Chiliflocken

80 g Weißbrotbrösel

2 Eier

80 g doppelgriffiges Mehl

Salz · Pfeffer aus der Mühle

Öl zum Braten

Zitronensaft zum Beträufeln

1 Am Vortag die Hähnchenbrüste waschen, trocken tupfen und jeweils schräg in 3 Teile schneiden. Ingwer und Knoblauch schälen und klein hacken. Den Joghurt mit Ingwer, Knoblauch, Zitronen- und Orangenschale sowie je 1 Prise Bohnenkraut und Chiliflocken in einer Schüssel verrühren. Die Hähnchenbruststücke mit der Joghurtmischung marinieren und zugedeckt im Kühlschrank über Nacht ziehen lassen.

2 Am nächsten Tag die Weißbrotbrösel mit 1 TL Bohnenkraut in einem tiefen Teller mischen. Die Eier in einem zweiten Teller verquirlen, das Mehl ebenfalls in einen tiefen Teller geben. Die Marinade von den Hähnchenbrüsten tupfen und das Fleisch mit Salz und Pfeffer würzen. Die Fleischstücke zuerst im Mehl wenden, dann durch die Eier ziehen und zuletzt mit den Weißbrotbröseln panieren.

3 In eine Pfanne 2 cm hoch Öl gießen und erhitzen, die Hähnchenteile darin auf beiden Seiten goldbraun ausbacken. Auf Küchenpapier abtropfen lassen und mit Zitronensaft beträufeln. Als Beilage dazu passt Kartoffel-Gurken-Salat, Kartoffel-Spargel-Salat oder gemischter Blattsalat.

Tipp

Nach dem Würzen und Panieren sollten Sie die Hähnchenstücke möglichst rasch ins heiße Fett geben: Das Salz zieht die Feuchtigkeit aus dem Fleisch – die Panade wird matschig und löst sich schneller ab.

Wie der Name schon vermuten lässt, wird **BOHNENKRAUT** gern zum Würzen von Bohnen und Hülsenfrüchten, aber auch vieler weiterer Gerichte verwendet. Die frischen oder getrockneten Blätter haben eine verdauungsfördernde Wirkung und helfen, Blähungen zu mildern, die z. B. durch die unverdaulichen Kohlenhydrate von Hülsenfrüchten verursacht werden. Das Kraut enthält viele ätherische Öle sowie Gerb- und Bitterstoffe, die im Darmtrakt allesamt keimtötend wirken. Früher schrieb man Bohnenkraut auch eine aphrodisierende Wirkung zu.

Kaninchenkeulen

mit Weißwein-Sahne-Sauce

Zutaten für 4 Personen:

1 kleine Zwiebel

½ Karotte

100 g Knollensellerie

3 Splitter Zimtrinde

1–2 TL Pimentkörner

1 EL schwarze Pfefferkörner

1–2 TL Wacholderbeeren

4 Kaninchenkeulen (à 250 g)

1 EL Öl

2 cl Weinbrand

1 EL Noilly Prat (franz. Wermut)

150 ml Weißwein

500 ml Geflügelbrühe

1 kleines Lorbeerblatt

80 g Sahne

1–2 TL Speisestärke

2 EL Butter

1 Scheibe Knoblauch

1 Streifen unbehandelte Zitronenschale

Salz · Cayennepfeffer

½ TL Zitronensaft

1 Zwiebel, Karotte und Sellerie schälen und in ½ cm große Würfel schneiden. Zimt, Piment- und Pfefferkörner sowie Wacholderbeeren in eine Gewürzmühle füllen.

2 Die Kaninchenkeulen waschen und trocken tupfen. Das Öl in einem Topf erhitzen, die Keulen darin bei mittlerer Hitze rundum hell anbraten und herausnehmen. Die Gemüsewürfel im Bratfett kurz anrösten. Mit Weinbrand, Noilly Prat und Wein ablöschen und die Flüssigkeit fast vollständig einkochen lassen. Die Brühe angießen und die Kaninchenkeulen darin zugedeckt bei milder Hitze 1 ½ Stunden mehr ziehen als köcheln lassen. Nach 1 Stunde das Lorbeerblatt dazugeben.

3 Die Keulen aus dem Schmorfond nehmen und den Fond durch ein Sieb in einen Topf gießen. Auf etwa zwei Drittel einkochen lassen, dann die Sahne hinzufügen. Die Speisestärke mit wenig kaltem Wasser glatt rühren und die Sauce damit binden. Die Butter untermixen, Knoblauch und Zitronenschale dazugeben und die Sauce mit Salz, 1 Prise Cayennepfeffer, den Gewürzen aus der Mühle und dem Zitronensaft abschmecken. Die Sauce knapp unter dem Siedepunkt 5 Minuten ziehen lassen.

4 Die ganzen Gewürze wieder entfernen und die Kaninchenkeulen noch einmal kurz in der Sauce erwärmen. Als Beilage dazu passt das Gemüse von S. 97.

PFEFFER gibt es als weiße, grüne und schwarze Körner. Die Schärfe variiert je nach Farbe: Weißer Pfeffer ist am schärfsten, grüner relativ mild. Im Vergleich zu Chili verbreitet der gemahlene Pfeffer eine warme Schärfe, für die das Alkaloid Piperin verantwortlich ist. Pfeffer regt den Speichelfluss und die Magensaftproduktion an und wirkt deshalb positiv auf den Stoffwechsel und die Verdauung. Daneben fördert er den Appetit und mildert Blähungen. Pfefferkörner sollten Sie am besten immer im Ganzen kaufen und frisch mahlen, da sich ihr Aroma schnell verflüchtigt.

Die braunschwarzen **PIMENTKÖRNER**, auch Nelkenpfeffer genannt, duften nach Muskat, Zimt und Gewürznelken und haben auch einen ähnlichen, leicht pfeffrigen Geschmack. Das in den Körnern enthaltene ätherische Öl (Eugenol) wirkt krampflösend bei Choliken und Blähungen. Piment sollte man – wie Pfeffer – als ganze Körner aufbewahren und bei Bedarf frisch mahlen.

Bunte Früchte

mit Olivenöl und Szechuan-Pfeffer

Zutaten für 4 Personen:

1 Babyananas

1 kleine Mango

1 kleine Papaya

1 Pitahaya (Drachenfrucht)

2 Kiwis

12 Physalis (Kapstachelbeeren)

3–4 EL mildes Olivenöl

Szechuan-Pfeffer aus der Mühle

1 Die Ananas der Länge nach vierteln, schälen und das Fruchtfleisch in Stücke schneiden. Die Mango schälen, das Fruchtfleisch zuerst vom Stein und dann in Spalten schneiden.

2 Die Papaya längs halbieren und die Kerne mit einem Teelöffel entfernen. Die Papayahälften schälen und das Fruchtfleisch ebenfalls in Spalten schneiden. Die Pitahaya und die Kiwis schälen und in Scheiben schneiden.

3 Die Kapstachelbeeren aus den Hüllblättern lösen, waschen, trocken tupfen und halbieren.

4 Die Früchte dekorativ auf Desserttellern anrichten, mit dem Olivenöl beträufeln und etwas Szechuan-Pfeffer fein darübermahlen.

Tipp

Für dieses Dessert sollten Sie unbedingt reife Früchte verwenden. Achten Sie außerdem darauf, dass das Obst Zimmertemperatur hat, nur so kann es sein Aroma voll entfalten.
Zu dem Fruchtsalat können Sie noch Kokosnuss-, Mandel- oder selbst gemachtes Vanilleeis (siehe S. 118) servieren.

Dieser Exoten-Fruchtsalat ist eine wohltuende Erfrischung und ein Multivitamin- und Antioxidantien-Cocktail allererster Güte. **MANGO** und **PAPAYA** liefern reichlich Betacarotin, und die **KIWI** sorgt für einen ordentlichen Vitamin-C-Schub. Bei dieser Mischung haben freie Radikale, schädliche UV-Strahlen und Krankheitserreger keine Chance. Dank des Olivenöls kann das fettlösliche Betacarotin vollständig vom Körper verwertet werden – und mit seinen gesunden Fettsäuren schützt Olivenöl obendrein das Herz.

SZECHUAN-PFEFFER ist nicht mit echtem Pfeffer verwandt; es handelt sich vielmehr um die getrockneten Samenschalen der Ägyptischen Malve. Der Geschmack dieses Gewürzes ist weniger pfeffrig, jedoch beißend aromatisch mit einer säuerlichen Note. Szechuan-Pfeffer kommt hauptsächlich in der fernöstlichen Küche, z. B. bei gebratenem Fleisch oder Fisch und in Marinaden, zum Einsatz.

DESSERTS

Wer sich ausgewogen ernährt, muss süßen Versuchungen nicht widerstehen. Raffinierte Nachspeisen sind Balsam für die Seele und sorgen für gute Laune und Wohlbefinden. Und wenn frisches Obst und Milchprodukte im Spiel sind, werden aus vermeintlichen Sünden sogar im Handumdrehen gesunde Naschereien.

Offene Rehlasagne

mit Rosenkohl und Totentrompeten

Zutaten für 4 Personen:

2 Zwiebeln

3 kleine Karotten

100 g Knollensellerie

1 EL Öl

500 g Rehhackfleisch

1 EL Tomatenmark

250 ml Rotwein

500 ml Geflügelbrühe

200 ml passierte Tomaten (aus dem Tetrapak)

1 Lorbeerblatt

½ TL schwarze Pfefferkörner

5 Wacholderbeeren

3 Korianderkörner

5 Pimentkörner

1 Knoblauchzehe (halbiert)

1 Scheibe Ingwer

1 Streifen unbehandelte Orangenschale

½–1 TL Zartbitterschokolade

1 EL Johannisbeergelee

Salz · Pfeffer aus der Mühle

2 EL Butter · 200 g Rosenkohl

3 EL getrocknete Totentrompetenpilze

½ Portion Nudelteig (siehe S. 56)

Mehl zum Bestäuben

frisch geriebene Muskatnuss

1 Die Zwiebeln, 1 Karotte und den Sellerie schälen und in feine Würfel schneiden. In einem Topf im Öl bei mittlerer Hitze andünsten. Das Hackfleisch dazugeben und unter Rühren krümelig braten. Das Tomatenmark kurz mitbraten, mit dem Wein ablöschen und etwa 10 Minuten einköcheln lassen. Die Brühe und die passierten Tomaten hinzufügen und die Sauce unter häufigem Rühren bei milder Hitze etwa 1 ½ Stunden mehr ziehen als köcheln lassen. Nach 1 Stunde die ganzen Gewürze in ein Gewürzsäckchen füllen und mit Knoblauch, Ingwer und Orangenschale zur Sauce geben. Einige Minuten darin ziehen lassen und wieder entfernen. Die Sauce mit Schokolade, Johannisbeergelee, Salz und Pfeffer abschmecken, 1 EL Butter unterrühren.

2 Den Rosenkohl in die einzelnen Blätter teilen und waschen. Die restlichen Karotten putzen, schälen und in Scheiben schneiden. Beides getrennt in kochendem Salzwasser blanchieren, abgießen, kalt abschrecken und abtropfen lassen. Die Pilze in Wasser aufkochen, vom Herd nehmen und 5 Minuten ziehen lassen. Abtropfen lassen und klein schneiden.

3 Den Nudelteig, wie auf S. 56 beschrieben, zubereiten und in nicht zu dünne, etwa 10 cm breite Bahnen ausrollen, dabei mit etwas Mehl bestäuben. Die Teigbahnen in 12 Blätter (à 7 cm Länge) schneiden. Die Nudelblätter in reichlich Salzwasser bissfest kochen, herausnehmen und kurz abtropfen lassen. Die restliche Butter zerlassen und das Gemüse darin bei mittlerer Hitze erwärmen. Mit Salz, Pfeffer und Muskatnuss würzen. Abwechselnd Teigblätter und Rehbolognese auf vorgewärmte Teller schichten. Mit dem Gemüse abschließen.

Klein, aber oho: Im **ROSENKOHL** steckt ein wahrer Powermix aus Vitaminen, Mineralstoffen, Spurenelementen und Ballaststoffen (unter anderem Vitamin C, B-Vitamine, Betacarotin, Eisen und Zink). Weil er zudem noch Senföle enthält, die unter anderem eine krebshemmende Wirkung haben, hat der Miniaturkohl in jüngster Zeit zu Recht eine Renaissance als gesundes Wintergemüse gefeiert.

WACHOLDERBEEREN haben einen sehr intensiven, würzig-bittersüßen Geschmack. Sie werden klassischerweise zum Aromatisieren von Branntweinen (Gin) und zum Würzen von Fleisch- und Wildgerichten sowie für Marinaden und Beizen verwendet. Die schwarzen Beeren sorgen dafür, dass einem selbst ein üppiges Mahl nicht schwer im Magen liegt. Sie enthalten reichlich ätherisches Öl und Flavonoide, die die Verdauungsorgane stärken und bei Völlegefühl, Blähungen und Magenschmerzen helfen.

Heiße Heidelbeeren

mit Kokosstreuseln und Vanilleeis

Zutaten für 4 Personen:

Für das Eis:

1 Vanilleschote

250 ml Milch

250 g Sahne

90 g Zucker

3 Eigelb · 2 Eier

Salz

Für die Heidelbeeren:

300 g Heidelbeeren

2 EL Puderzucker (gesiebt)

1 TL Zitronensaft

1 Msp. abgeriebene unbehandelte Orangenschale

Mark von ½ Vanilleschote

1 Msp. Zimtpulver

1 geh. TL Speisestärke

Für die Streusel:

30 g Kokosraspel

50 g flüssige Butter

50 g brauner Zucker

65 g Mehl

1 Msp. Vanillemark

1 Msp. abgeriebene unbehandelte Zitronenschale

Salz · Zimtpulver

1 Für das Eis die Vanilleschote längs aufschneiden und das Mark herauskratzen. Milch, Sahne, Vanillemark und -schote sowie die Hälfte des Zuckers in einem Topf aufkochen lassen. Die Eigelbe, die Eier und den restlichen Zucker mit 1 kleinen Prise Salz in einer Metallschüssel mit dem Schneebesen hellschaumig aufschlagen. Nach und nach die kochend heiße Vanillemilch unter Rühren hinzufügen. Die Vanillemilch 5 bis 10 Minuten im heißen Wasserbad erhitzen, dabei mit einem flexiblen Teigschaber ruhig, aber beständig von der Schüsselwand wegrühren. Die Vanillemilch höchstens auf 80 °C erhitzen.

2 Die Vanillecreme sofort durch ein Sieb gießen und abkühlen lassen, dabei gelegentlich umrühren. In der Eismaschine zu einem cremigen Eis gefrieren lassen. Das Eis in eine gefrierfeste eisgekühlte Schüssel füllen, direkt mit Backpapier bedecken und bis zum Servieren in das Tiefkühlfach stellen.

3 Den Backofen auf 180 °C vorheizen. Die Heidelbeeren verlesen und waschen. Mit Puderzucker, Zitronensaft, Orangenschale, Vanillemark und Zimt in einem Topf mischen und bei milder Hitze aufkochen. Die Stärke mit wenig Wasser glatt rühren, unter Rühren zu den Heidelbeeren geben und die Beeren 1 bis 2 Minuten weiterköcheln lassen.

4 Für die Streusel die Kokosraspel mit flüssiger Butter, Zucker, Mehl, Vanillemark, Zitronenschale sowie je 1 Prise Salz und Zimt vermischen. Die Heidelbeeren in flache ofenfeste Portionsförmchen verteilen. Die Kokosmasse daraufbröseln und im Backofen auf der mittleren Schiene etwa 20 Minuten goldbraun backen. Noch heiß mit dem Vanilleeis servieren.

Schon bei den Azteken galt die **VANILLE** als Aphrodisiakum. Ihre süßliche Würze wirkt wie Balsam für die Seele: Sie setzt im Gehirn Endorphine frei, »Glücksstoffe«, die Lust und Laune beflügeln. Diese Tatsache machen sich auch viele Parfümeure zunutze und mischen Vanille als Duftkomponente in ihre Kreationen. Die Orchideenfrucht wird bei uns vor allem zum Verfeinern von Backwaren und Süßem verwendet, verleiht aber auch pikanten Speisen ein ganz besonderes Aroma. Auch wenn Vanille nach Safran das zweitteuerste Gewürz ist – für den unverwechselbaren Geschmack sollte man immer echte Vanilleschoten bzw. -mark verwenden; synthetisches Vanillin ist kein Ersatz!

Mit ihrem hohen Gehalt an Pektinen sind **HEIDELBEEREN** besonders magenfreundlich und verdauungsregulierend. Darüber hinaus ist in den süßen blauen Beeren reichlich Tannin enthalten, ein Gerbstoff, der darmberuhigend und keimtötend wirkt. Heidelbeeren haben daneben einen positiven Einfluss auf den Blutzuckerspiegel und weisen relativ viel Vitamin C und Eisen auf, die Garanten für ein starkes Immunsystem.

Mango-Chili-Sorbet

in knusprigen Mandelhippen

Zutaten für 4 Personen:

Für das Sorbet:

1 TL getrocknete milde Chilischoten (geschrotet)

Salz

120 g Zucker

2 kleine reife Mangos (600 g)

Saft von 1 Zitrone

Für die Hippen:

Butter und Mehl für das Blech

3 EL Puderzucker

3 EL Mehl

1 Eiweiß

3 EL flüssige Butter

Zimtpulver

4 TL Mandelblättchen

1 Für das Sorbet die Chili in einem kleinen Topf in 250 ml Wasser mit je 1 Prise Salz und Zucker 2 Minuten köcheln lassen. In ein Sieb abgießen und abtropfen lassen.

2 Den restlichen Zucker mit 400 ml Wasser aufkochen lassen, bis sich der Zucker gelöst hat. Die Mangos schälen, das Fruchtfleisch zuerst vom Stein und dann in Würfel schneiden. Mit dem Zuckersirup und dem Zitronensaft vermischen und mit dem Stabmixer pürieren. Das Mangopüree durch ein Sieb streichen.

3 Die Chili dazugeben und die Mangomasse in der Eismaschine zu einem Sorbet gefrieren lassen. Das Mangosorbet in eine gefrierfeste eisgekühlte Schüssel füllen, direkt mit Backpapier bedecken und bis zum Servieren in das Tiefkühlfach stellen.

4 Für die Hippen den Backofen auf 200 °C vorheizen. Ein Backblech mit Dauerbackfolie belegen oder einfetten und mit Mehl bestäuben. Puderzucker, Mehl, Eiweiß, Butter und 1 Prise Zimt in einer Schüssel verrühren. Den Teig in 4 Portionen teilen und mit großem Abstand auf die Backfolie setzen. Mit einer Palette oder einem Löffelrücken zu etwa 2 mm dicken Kreisen à 10 cm Durchmesser glatt streichen, dabei die Palette oder den Löffel öfter in heißes Wasser tauchen. Die Teigkreise mit den Mandeln bestreuen und im Backofen auf der mittleren Schiene etwa 5 Minuten hellbraun backen.

5 Die Hippenblätter herausnehmen und noch möglichst heiß in Kaffeetassen drücken. Abkühlen lassen und vorsichtig aus den Tassen nehmen. Jeweils etwas Mango-Chili-Sorbet in die Mandelhippen geben und sofort servieren.

In ihrem Heimatland Indien hat die **MANGO** den Status eines Volksnahrungsmittels, weshalb man sie gern als »Apfel der Tropen« bezeichnet. Auch hierzulande gewinnt die exotische Steinfrucht dank ihres einzigartigen Aromas immer mehr Anhänger. Mit 60 kcal pro 100 g zählt sie zwar nicht gerade zu den »Leichtgewichten« unter den Früchten, kann aber mit einem fast nicht zu übertreffenden Gehalt an Betacarotin sowie mit reichlich Vitamin C auftrumpfen. Gerade dieser Mix macht die Mango in den Wintermonaten, wenn vitaminreiches heimisches Obst bei uns Mangelware ist, zu einem gern gesehenen Gast auf unseren Tellern. Daneben enthält die Frucht das seltene Spurenelement Selen sowie Vitamin E, die mit Vitamin C und Betacarotin einen hochwirksamen Antioxidantien-Cocktail bilden und die Körperzellen vor schädlichen Angreifern schützen.

Eingelegte Kirschen

mit Kardamom-Kaffee-Sahne und Mandelstreuseln

Zutaten für 4 Personen:

Für die Sahne:

2 EL Kaffeebohnen

5 grüne Kardamomkapseln

200 g Sahne · 2 TL Zucker

Für die Streusel:

65 g Mehl · 50 g Zucker

50 g flüssige Butter

Mark von ½ Vanilleschote

Salz · Zimtpulver

40 g Mandelsplitter

Für die Kirschen:

250 g Kirschen

½–1 TL Speisestärke

120 ml Kirschsaft

1 TL Puderzucker

100 ml Rotwein

3 EL roter Portwein

1–2 EL Zucker

1 Splitter Zimtrinde

1 Gewürznelke

1 Streifen unbehandelte Zitronenschale

1 TL Honig · 2 cl Kirschwasser

1 Für die Sahne am Vortag die Kaffeebohnen mit den Kardamomkapseln in einer beschichteten Pfanne ohne Fett rösten, bis sie zu duften beginnen. In einer Schüssel mit der Sahne und dem Zucker mischen. Die Sahne zugedeckt über Nacht im Kühlschrank ziehen lassen.

2 Am nächsten Tag für die Streusel den Backofen auf 180 °C vorheizen. Das Mehl mit dem Zucker, der flüssigen Butter, dem Vanillemark und je 1 Prise Salz und Zimt krümelig verreiben. Die Mandelsplitter daruntermischen, die Streusel auf einem mit Backpapier ausgelegten Backblech verteilen und im Backofen auf der mittleren Schiene etwa 20 Minuten backen.

3 Inzwischen die Kirschen entstielen, waschen und entsteinen. Die Stärke mit wenig Kirschsaft glatt rühren. Den Puderzucker in einem Topf bei milder Hitze hell karamellisieren. Mit dem Rot- und Portwein ablöschen und auf die Hälfte einköcheln lassen. Restlichen Kirschsaft, Zucker, Gewürze und Honig hinzufügen und aufkochen lassen. Die Speisestärke unter Rühren hinzufügen und den Rotweinsud weitere 2 Minuten köcheln lassen. Durch ein Sieb gießen und die Kirschen und das Kirschwasser hinzufügen.

4 Zum Servieren die Kardamom-Kaffee-Sahne durch ein Sieb gießen und cremig aufschlagen. Die eingelegten Kirschen mit der Sahne in Dessertschälchen oder -gläser schichten und mit den Streuseln bestreuen.

KARDAMOM wird in Indien seit über 2000 Jahren angebaut und ist in seiner Heimat eine beliebte Zutat in vielen Gewürzmischungen. Kardamom besitzt ein kräftiges, leicht rauchiges Aroma mit einer bittersüßen Note und eignet sich zum Verfeinern sowohl von süßen als auch von pikanten Gerichten. Verwendet werden entweder die ganzen schwarzen und grünen Kapseln oder die in ihnen enthaltenen schwarzen Samen. Aus den Samen lässt sich außerdem ein leicht nach Eukalyptus riechendes Öl gewinnen, das gegen Blähungen, Übelkeit und Durchfall hilft. Auch die alten Römer und Griechen schworen auf die Wirkung des exotischen Gewürzes und kauten Kardamom gegen Mundgeruch, Halsschmerzen und Magenverstimmung.

Bei **KIRSCHEN** sollten Sie vor allem zu den dunkelroten Exemplaren greifen: Diese sind besonders reich an Mineralien und Spurenelementen, die gemeinsam den Aufbau von Knochen und Zähnen unterstützen. Zudem fördert das enthaltene Kalium die Entwässerung, was Herz, Kreislauf, Leber und Nieren entlastet.

Crème brulée
mit Vanille und Rosmarin

Zutaten für 4 Personen:

½ Vanilleschote

180 g Sahne

180 ml Milch

40 g Zucker

1 Zweig Rosmarin

4 Eigelb

1–2 EL brauner Zucker

1 Die Vanilleschote längs aufschneiden und das Mark herauskratzen. Die Sahne mit der Milch, der Hälfte des Zuckers, dem Vanillemark und der -schote sowie dem gewaschenen Rosmarin in einem Topf aufkochen lassen. Die Milch-Sahne-Mischung vom Herd nehmen und zugedeckt etwa 15 Minuten ziehen lassen. Vanilleschote und Rosmarin wieder entfernen.

2 Den Backofen auf 150 °C vorheizen. Die Eigelbe mit dem restlichen Zucker verrühren, aber nicht schaumig schlagen. Die noch heiße Milch-Sahne-Mischung langsam unter die Eigelbmasse rühren. Die Eiermilch durch ein feines Sieb gießen und in ofenfeste Portionsförmchen (à 100 ml Inhalt; am besten aus Keramik) füllen. Dabei sollten keine Blasen entstehen, damit die Creme später eine glatte Oberfläche hat.

3 Die Förmchen in ein tiefes Backblech stellen und so viel heißes Wasser angießen, dass die Förmchen zu einem Drittel im Wasser stehen. Die Creme im Backofen auf der mittleren Schiene 40 bis 50 Minuten stocken lassen. Nach spätestens 30 Minuten Garzeit zum ersten Mal die Konsistenz der Creme prüfen und die Creme eventuell früher aus dem Ofen nehmen. Die Förmchen aus dem Wasserbad nehmen und die Creme mindestens 4 Stunden (am besten über Nacht) kühl stellen.

4 Kurz vor dem Servieren den Backofengrill einschalten. Die Creme gleichmäßig mit braunem Zucker bestreuen und sofort unter dem Grill auf der obersten Schiene goldbraun karamellisieren. Die Rosmarin-Crème-brulée nach Belieben mit gezuckerten Johannisbeeren und Kräuterblättern garniert servieren.

Der Clou bei diesem Rezept ist die überraschende Kombination von süßer Creme und **ROSMARIN**. Der Klassiker unter den mediterranen Kräutern verfeinert mit seinem kräftigen Aroma gewöhnlich Gemüse, Fleisch, Geflügel und Fisch. Schon im antiken Griechenland wurde Rosmarin als Heil- und Gewürzkraut geschätzt und war der Aphrodite, der Göttin der Liebe, geweiht. Die Wissenschaft hat bestätigt, dass das Kraut positiv auf das gesamte Verdauungssystem wirkt. Die in den Nadeln enthaltenen ätherischen Öle rücken Bakterien und Viren zu Leibe, regen den Appetit an und lindern krampfartige Magenbeschwerden. Übrigens: Nur frischer Rosmarin ist guter Rosmarin! Finger weg von getrockneter Ware – diese ist meist schon beim Kauf ranzig.

Quark-Orangen-Mousse

mit Kardamom-Erdbeeren

Zutaten für 4 Personen:

Für die Mousse:

125 g Speisequark

75 g Zucker

1 Msp. abgeriebene unbehandelte Zitronenschale

abgeriebene Schale von ½ unbehandelten Orange

1 EL Zitronensaft

3 EL Orangensaft

1 Msp. Vanillemark

250 g Sahne

2 Eiweiß · Salz

Für die Erdbeeren:

200 g Erdbeeren

2 EL Puderzucker (gesiebt)

1 TL Zitronensaft

einige Spritzer Orangenlikör (z. B. Grand Marnier)

Kardamom aus der Mühle

1 Für die Mousse den Quark mit 25 g Zucker, den Zitrusschalen und -säften sowie dem Vanillemark glatt rühren.

2 Die Sahne halb steif schlagen. Die Eiweiße mit dem restlichen Zucker und 1 kleinen Prise Salz zu einem cremigen Schnee schlagen. Beides unter die Quarkmasse heben.

3 Ein Sieb in eine Schüssel hängen und mit einem sauberen Küchentuch auslegen. Die Quarkmasse in das Sieb füllen, mit Frischhaltefolie zudecken und im Kühlschrank mindestens 2 Stunden abtropfen lassen.

4 Inzwischen die Erdbeeren waschen, putzen und vierteln. Mit Puderzucker, Zitronensaft und Orangenlikör mischen und mit Kardamom aus der Mühle würzen.

5 Die Quark-Orangen-Mousse auf Dessertteller verteilen und die marinierten Erdbeeren daneben anrichten.

Tipp

Die Mousse sollte zwar mindestens 2 Stunden abtropfen können, jedoch nicht länger als 8 Stunden auf dem Sieb bleiben – nur dann ist sie schön saftig und cremig. Wird die Mousse erst später verwendet, sollte man sie in eine Schüssel umfüllen und zugedeckt in den Kühlschrank stellen.

Von diesen süßen Früchtchen konnten schon die Römer ihre Finger nicht lassen. Und auch heute zählen **ERDBEEREN** zu unseren liebsten Obstsorten. Wer beim Genuss auf heimische (Bio-)Freilandware zurückgreift, wird nicht nur mit einem wunderbaren Aroma belohnt, sondern tut auch noch viel für seine Gesundheit: Denn mit ihrem hohen Eisen- und Vitamin-C-Gehalt sind Erdbeeren die Abwehrspezialisten schlechthin. Eisen fördert die Sauerstoffaufnahme ins Blut und sorgt auch dafür, dass genügend Abwehrzellen gebildet werden. Vitamin C wirkt ähnlich: Es fängt freie Radikale ab und verhindert, dass sich krebsauslösende Nitrosamine in unserem Körper bilden können. Und ganz nebenbei sind die kalorienarmen Beeren auch noch ideal für die schlanke Linie.

Pochierte Schokocreme

mit Lebkuchengewürz

Zutaten für 12 Portionen:

Für die Creme:

250 g Sahne

250 ml Milch

75 g Zucker

1 TL Lebkuchengewürz

Salz

4 Eier

120 g dunkle Kuvertüre (fein gehackt)

Außerdem:

80 g Sahne

1 TL Rum

Lebkuchengewürz und gemahlener Kaffee zum Garnieren

1 Für die Creme den Backofen auf 120 °C vorheizen. Auf die unterste Schiene ein tiefes Backblech schieben und etwa 2 cm hoch mit Wasser füllen.

2 Die Sahne, die Milch, den Zucker, das Lebkuchengewürz und 1 Prise Salz in einem Topf aufkochen lassen. Die Eier mit der Kuvertüre in einen Rührbecher geben, die heiße Milch daraufgießen und alles mit dem Stabmixer verrühren, bis sich die Kuvertüre aufgelöst hat.

3 Die Schokomasse bis knapp unter den Rand in 12 Espressotassen füllen, in das vorbereitete Backblech stellen und im Backofen im heißen Wasserbad etwa 45 Minuten stocken lassen. Die Schokocreme zunächst bei Zimmertemperatur etwas abkühlen und dann im Kühlschrank mindestens 30 Minuten durchkühlen lassen.

4 Die Sahne halb steif schlagen und mit dem Rum verrühren. Die pochierte Schokocreme damit garnieren und mit je 1 Prise Lebkuchengewürz und Kaffeepulver bestreuen.

Tipp

Die Creme hält sich zugedeckt im Kühlschrank etwa 2 Tage, schmeckt aber auch sehr gut, wenn sie kurz nach der Zubereitung lauwarm serviert wird.

Nomen est omen: **LEBKUCHENGEWÜRZ** verdankt seinen Namen dem Backwerk, dem es sein typisches Aroma verleiht, dem Lebkuchen. Die Hauptkomponenten dieser Gewürzmischung, die es bereits fertig zu kaufen gibt, sind Zimt, Piment, Gewürznelken und Muskatnuss. Wer sich die Mühe machen will, kann sich natürlich auch seine ganz individuelle Mischung aus frisch gemahlenen Gewürzen selbst herstellen. Übrigens: Lebkuchengewürz muss nicht nur zur Weihnachtszeit zum Einsatz kommen – wie dieses Rezept beweist!

Zimt-Panna-cotta
mit Zwetschgengranité

Zutaten für 4 Personen:

Für das Granité:

250 g Zwetschgen

40 g Zucker

1 EL Zitronensaft

½ Zimtrinde

½ Vanilleschote (aufgeschnitten)

3 EL Rotwein

2 EL roter Portwein

Für die Panna cotta:

100 ml Milch

200 g Sahne

½ Vanilleschote (aufgeschnitten)

1 Zimtrinde

2 EL Zucker

1½ Blatt weiße Gelatine

1 Für das Granité den Backofen auf 180 °C vorheizen. Die Zwetschgen waschen und in Viertel schneiden, dabei entsteinen. In einer ofenfesten Form die Zwetschgen mit dem Zucker, dem Zitronensaft, dem Zimt und der Vanilleschote mischen. Den Rot- und Portwein sowie etwa 100 ml Wasser dazugießen. Die Zwetschgen im Backofen auf der mittleren Schiene etwa 30 Minuten fast weich garen, dabei gelegentlich umrühren.

2 Die Gewürze entfernen und 4 EL Zwetschgen zum Anrichten beiseitestellen. Die restlichen Zwetschgen samt Flüssigkeit mit dem Stabmixer pürieren und durch ein Sieb streichen. Die Masse in eine gefrierfeste Form füllen und im Tiefkühlfach mehrere Stunden gefrieren lassen.

3 Für die Panna cotta die Milch mit der Hälfte der Sahne, der Vanilleschote, dem Zimt und dem Zucker aufkochen. Den Topf vom Herd nehmen, die Milch-Sahne-Mischung etwa 1 Stunde ziehen lassen und durch ein Sieb gießen.

4 Die Gelatine in kaltem Wasser einweichen und gut ausdrücken. In der heißen Milch-Sahne-Mischung unter Rühren auflösen und etwas abkühlen lassen. Wenn die Mischung zu gelieren beginnt, die restliche Sahne halb steif schlagen und unterheben. Die Panna cotta in Gläser füllen und im Kühlschrank mindestens 2 Stunden fest werden lassen.

5 Zum Servieren die beiseitegestellten Zwetschgen auf die Panna cotta verteilen. Das Zwetschgengranité mit einem Löffel aufkratzen, auf der Zimt-Panna-cotta anrichten und sofort servieren.

Ob **ZWETSCHGE, PFLAUME** oder ihre Verwandten Mirabelle und Reneklode – das süßsäuerliche Obst enthält im Vergleich zu anderen Steinobstarten die meisten Ballaststoffe und ist vor allem in getrockneter Form ein altbewährter Verdauungshelfer. Außerdem sind die aromatischen Früchte besonders für Kreislauf-, Nieren-, Leber- und Gichtkranke geeignet, da sie sehr salzarm sind und somit die inneren Organe nicht belasten. Mit ihrem Vitalstoff-Mix aus Betacarotin, Vitamin C und B-Vitaminen bringen Zwetschgen Stoffwechsel und Immunsystem in Schwung, fördern das Zellwachstum und schützen die Zellen vor freien Radikalen.

ZIMT war einst so kostbar, dass um ihn sogar Kriege geführt wurden. So eroberten die Portugiesen seinetwegen Sri Lanka. Zimt hat nicht nur ein angenehm süß-holziges Aroma, sondern besitzt auch Inhaltsstoffe wie Phenole und Zimtsäure, die die Durchblutung fördern und den Kreislauf anregen. In die Schlagzeilen hat den Zimt das gesundheitsschädliche Cumarin gebracht, das aber nur in bestimmten Sorten in geringen Mengen enthalten ist. Daher unbedingt den teureren, aber unbedenklichen Ceylon-Zimt verwenden!

Geeiste Zitronencreme

mit Minze und Joghurt

Zutaten für 4 Personen:

Für das Sorbet:

350 g Zucker

4 Zitronen (davon 2 unbehandelt)

60 ml trockener Weißwein

125 ml Sekt

3 EL Wodka

Außerdem:

200 g Sahnejoghurt

2 EL Zitronensaft

1 TL abgeriebene unbehandelte Zitronenschale

1 EL Minzeblätter (frisch geschnitten)

2 EL Puderzucker

1 Für das Sorbet den Zucker mit 600 ml Wasser in einem Topf zum Kochen bringen. Die beiden unbehandelten Zitronen heiß waschen, trocken reiben und die Schale in Zesten abziehen. Alle Zitronen halbieren und auspressen. Den Topf vom Herd nehmen und die Zitronenzesten hinzufügen. Den Sirup abkühlen lassen und durch ein Sieb in eine Schüssel gießen.

2 Den Wein, den Sekt, den Zitronensaft und den Wodka unter den Zitronensirup rühren. Die Masse in der Eismaschine zu einem Sorbet gefrieren lassen und dann bei Zimmertemperatur 10 bis 15 Minuten temperieren.

3 Inzwischen den Joghurt mit Zitronensaft und -schale, Minze und Puderzucker verrühren. Das Zitronensorbet mit dem Zitronenjoghurt im Küchenmixer zu einer cremigen Masse pürieren. Die Zitronencreme auf vorgekühlte Gläser verteilen und nach Belieben mit je 1 Minzeblatt garnieren.

MINZE zählt zu den klassischen Kräutern der orientalischen und indischen Küche. Dort verfeinert man mit ihr Couscous, Dips, Suppen und Currys oder trinkt Tee, der aus frischen Minzeblättern gebrüht wird. Von dem würzigen Kraut, das zur Gattung der Lippenblütler zählt, gibt es insgesamt 25 Arten. In unseren Breitengraden kennt man vor allem die Pfefferminze, deren Blätter und Stiele reich an Pfefferminzöl sind, einem ätherischen Öl, das unter anderem Menthol enthält. Diesem Öl verdankt die Pfefferminze auch ihre wohltuende Wirkung bei Blähungen und krampfartigen Magen-Darm-Beschwerden. Deshalb kommt sie bei uns vor allem in Form von Tee auf den Tisch – schade eigentlich!

Tipp

Wenn es einmal schnell gehen soll, können Sie für dieses Rezept auch etwa 400 g fertiges Zitronensorbet verwenden.

Lavendel-Krokant-Parfait

mit Honig und Pistazien

Zutaten für 4 Personen:

100 g ungesalzene Pistazien

50 g Mandelsplitter

1–2 TL Lavendelblüten (aus der Apotheke)

50 g Puderzucker

4 Eigelb

1 Ei

150 g Blütenhonig

Mark von 1 Vanilleschote

400 g Sahne

1 Die Pistazien grob hacken. Mit den Mandelsplittern und den Lavendelblüten in einer beschichteten Pfanne ohne Fett anrösten. Nach und nach den Puderzucker darüberstäuben und dabei karamellisieren. Den Pistazien-Lavendel-Krokant aus der Pfanne nehmen und auskühlen lassen.

2 Die Eigelbe, das Ei, den Honig und das Vanillemark im Wasserbad dickschaumig aufschlagen, die Creme dabei höchstens auf 80 °C erhitzen. Die Masse vom Wasserbad nehmen und so lange weiterschlagen, bis sie kalt ist.

3 Die Sahne cremig schlagen und mit dem Pistazien-Lavendel-Krokant unter die Eiermasse ziehen. Eine Terrinenform (1 1/2 l Inhalt) mit Frischhaltefolie auslegen. Die Parfaitmasse darin verteilen, glatt streichen und im Tiefkühlfach mindestens 5 Stunden gefrieren lassen.

4 Das Parfait mithilfe der Folie vorsichtig aus der Form stürzen, die Form eventuell kurz unter heißes Wasser halten. Die Folie entfernen, das Lavendel-Krokant-Parfait in Scheiben schneiden und auf vorgekühlten Tellern servieren.

Tipp

Zu dem Parfait passt eine Fruchtsauce aus gemischten roten Beeren, wie beispielsweise Him-, Erd- und Brombeeren.

Schon im alten Ägypten, in Indien und China wurde **HONIG** als göttlicher Nektar verehrt, und auch heutzutage wird der süße Bienensaft als Nahrungs- und Heilmittel noch sehr geschätzt. Kein Wunder, denn seine »inneren Werte« können sich durchaus sehen lassen: So ist Honig aufgrund seines hohen Gehalts an Trauben- und Fruchtzucker ein schneller Energiespender. Die im Honig enthaltenen Enzyme erleichtern die Aufnahme und Verwertung anderer Nahrungsbestandteile. Und regelmäßiger Honiggenuss soll nicht nur die allgemeine Widerstandskraft, sondern auch die Blutbildung und Herzleistung verbessern. Dank seiner antibakteriellen Eigenschaften wird der Bienennektar auch gern als Heilmittel bei Halsentzündungen sowie Magen- und Darmbeschwerden verwendet. Und äußerlich angewendet, kann Honig sogar die Wundheilung beschleunigen.

Geeister Kaiserschmarren

mit Gewürzen und Mandeln

Zutaten für 4 Personen:

Für das Parfait:

2 Eigelb · 1 Ei · 60 g Zucker

Mark von ½ Vanilleschote

½ TL »Schuhbecks arabisches Kaffeegewürz« (ersatzweise je ¼ TL Zimtpulver und gemahlener Kardamom und 1 Prise Nelkenpulver)

1 Msp. abgeriebene unbehandelte Zitronenschale

200 g Sahne

1 EL Rum

Öl für die Form

2 EL Rumrosinen

Für die Glasur:

100 g Vollmilchschokolade

3 EL Öl

Außerdem:

1 EL Mandelblättchen

1 Für das Parfait die Eigelbe und das Ei mit einem Drittel des Zuckers, dem Vanillemark, dem Kaffeegewürz und der Zitronenschale in einer Metallschüssel hellschaumig schlagen.

2 Den restlichen Zucker mit 25 ml Wasser in einem kleinen Topf bei milder Hitze 1 Minute köcheln lassen. Diesen Zuckersirup unter den Eierschaum rühren und im heißen Wasserbad feinschaumig aufschlagen, dabei die Masse höchstens auf 85 °C erhitzen. Den Eierschaum im eiskalten Wasserbad oder in der Küchenmaschine kalt schlagen.

3 Die Sahne halb steif schlagen und mit dem Rum unter den kalten Eierschaum ziehen. Eine ofenfeste Form mit Öl einfetten und mit Backpapier auslegen. Die Parfaitmasse knapp 1 cm hoch darin verteilen, glatt streichen, mit Rumrosinen bestreuen und im Tiefkühlfach etwa 2 Stunden gefrieren lassen.

4 Für die Glasur die Schokolade grob hacken und in einer Metallschüssel im heißen Wasserbad unter Rühren schmelzen. Das Öl unterrühren. Das Parfait aus dem Tiefkühlfach nehmen und die geschmolzene Schokolade dünn mit einem Pinsel aufstreichen. Das Geeiste weitere 10 Minuten in das Tiefkühlfach stellen.

5 Zum Anrichten die Mandelblättchen in einer beschichteten Pfanne ohne Fett goldbraun rösten und abkühlen lassen. Das Parfait wie einen Kaiserschmarren in grobe Stücke zerteilen, auf vorgekühlte Teller geben und mit den gerösteten Mandelblättchen bestreuen.

Wer kann bei **SCHOKOLADE** schon Nein sagen? Soll man auch gar nicht, wenn man sie in Maßen genießt. Wissenschaftler haben bestätigt, was Naschkatzen längst wussten: dass Schokolade glücklich macht. Die enthaltene Aminosäure Phenylalanin wirkt stimmungsaufhellend, und Theobromin, das mit dem Koffein verwandt ist, stimuliert das zentrale Nervensystem. Außerdem enthält Schokolade einen relativ hohen Anteil an Magnesium, ein Mineral, das beruhigend und ausgleichend auf das Nervenkostüm wirkt.

MANDELN sind die reinsten Energiebündel – nicht umsonst gelten sie auch als Symbol für Leben. In Italien und Frankreich ist es deshalb Brauch, dass das Brautpaar jedem Hochzeitsgast fünf Mandeln schenkt. Diese Mandeln wiederum symbolisieren die Wünsche, die an das Hochzeitspaar gerichtet werden: Gesundheit, Glück, Wohlstand, Fruchtbarkeit und ein langes Leben. Mit ihrem Mix aus Mineralstoffen, Flavonoiden und Antioxidantien wie Vitamin E bringen Mandeln die Hormone auf Trab – mit ein Grund, warum sie von jeher als Aphrodisiakum gelten!

Indischer Milchreis

mit marinierten Beeren

Zutaten für 4 Personen:

Für den Reis:

130 g Milchreis

750 ml Milch

250 ml Kokosmilch

½ Vanilleschote (aufgeschnitten)

Salz

1 Zimtrinde

5 grüne Kardamomkapseln

1 EL ungesalzene Pistazien

1–2 EL Zucker

1 TL abgeriebene unbehandelte Zitronenschale

Für die Beeren:

120 g Himbeeren

1–2 EL Zucker

1 TL Zitronensaft

250 g gemischte Beeren (z. B. Erdbeeren, Himbeeren, Heidel- und Johannisbeeren)

1 Für den Reis den Milchreis in einem Sieb mit kaltem Wasser waschen und abtropfen lassen. Mit der Milch, der Kokosmilch, der Vanilleschote und 1 Prise Salz in einem Topf langsam aufkochen lassen. Unter häufigem Rühren 25 bis 30 Minuten mehr ziehen als köcheln lassen. Nach 20 Minuten den Zimt, den Kardamom und die Pistazien dazugeben.

2 Am Ende der Garzeit den Topf vom Herd nehmen und den Zucker und die Zitronenschale unter den Milchreis rühren. Zimt, Vanilleschote und Kardamomkapseln wieder entfernen.

3 Für die Beeren die Himbeeren verlesen, waschen und trocken tupfen. Mit dem Zucker und dem Zitronensaft mischen, pürieren und durch ein Sieb streichen. Die gemischten Beeren putzen, gegebenenfalls waschen und zerkleinern. Mit dem Himbeerpüree mischen.

4 Zum Servieren den Milchreis in Dessertschälchen füllen und je 1 bis 2 EL marinierte Beeren daraufgeben oder getrennt dazu servieren.

Tipp

Außerhalb der Saison können Sie natürlich auch Tiefkühlbeeren verwenden. Da diese oft etwas saurer sind als frische Beeren, sollten Sie die marinierten Beeren eventuell noch nachzuckern.

Hier dürfen Sie nach Herzenslust und ohne schlechtes Gewissen naschen! Denn süße **BEEREN** bringen nicht nur Farbe auf den Teller, sondern punkten mit einer Reihe von Vorzügen: **HIMBEEREN** liefern reichlich Vitamin C, eines der wichtigsten Antioxidantien für die Immunabwehr. Und ihr Mineralstoff-Mix aus Kalium, Eisen, Magnesium und Phosphor pusht den Stoffwechsel und unterstützt die Knochenbildung. Die tiefblauen Farbstoffe der **HEIDELBEEREN**, die sogenannten Anthocyane, können insbesondere die Blutgefäße der Augen vor Schädigungen durch freie Radikale schützen. Außerdem sollen Anthocyane zur Abwehr von Krebserkrankungen beitragen. Und **JOHANNISBEEREN** ersetzen schon einmal den Gang zum Arzt, denn sie wirken leicht harn- und stark schweißtreibend und sind somit ideal zur Vorbeugung und Behandlung von grippalen Infekten und Erkältungen.

Register

Rezepte

Bildnachweis

Dr. Kai-Uwe Nielsen: 7; StockFood/Devereux Imagery: 9; StockFood/Marc O. Finley: 4 (2. von links und rechts), 68, 69, 114; StockFood/Foodcollection: 8, 48, 49; StockFood/FOODLOOK STUDIO GmbH: 4 (2. von rechts), 90; StockFood/FoodPhotography Eising: 4 (links), 26, 91; StockFood/Jana Liebenstein: 115; StockFood/David Loftus Limited: 27

Produktinfos